EU, APRENDIZ DE BRUXA

PEQUENO GUIA DE INTRODUÇÃO À MAGIA NATURAL

Cellina Muniz

EU, APRENDIZ DE BRUXA

PEQUENO GUIA DE INTRODUÇÃO À MAGIA NATURAL

© 2025, Madras Editora Ltda.

Editor:
Wagner Veneziani Costa (*in memoriam*)

Produção e Capa:
Equipe Técnica Madras

Ilustração da Capa:
Cauê Petito

Ilustração:
Rosa Maria Muniz Dias

Revisão:
Ana Paula Luccisano
Jerônimo Feitosa

Dados Internacionais de Catalogação na Publicação (CIP)
(Câmara Brasileira do Livro, SP, Brasil)

Muniz, Cellina
Eu, aprendiz de bruxa : pequeno guia de introdução à magia natural / Cellina Muniz ; ilustração Rosa
Maria Muniz Dias. -- São Paulo : Madras Editora, 2025.
Bibliografia.

ISBN 978-65-5620-069-9

1. Bruxaria 2. Espiritualidade 3. Esoterismo
4. Magia I. Dias, Rosa Maria Muniz. II. Título.

23-174903　　　　　　　　　　　　　　　　　　　　CDD-133.43

Índices para catálogo sistemático:
1. Bruxaria : Magia 133.43
Eliane de Freitas Leite - Bibliotecária - CRB 8/8415

É proibida a reprodução total ou parcial desta obra, de qualquer forma ou por qualquer meio eletrônico, mecânico, inclusive por meio de processos xerográficos, incluindo ainda o uso da internet, sem a permissão expressa da Madras Editora, na pessoa de seu editor (Lei nº 9.610, de 19/2/1998).

Todos os direitos desta edição reservados pela

MADRAS EDITORA LTDA.
Rua Paulo Gonçalves, 88 — Santana
CEP: 02403-020 — São Paulo/SP
Tel.: (11) 2281-5555 – (11) 98128-7754
www.madras.com.br

*Para minha mãe, Rosaly (in memoriam),
que me deu régua e compasso nos primeiros
passos do caminho da espiritualidade.*

"O curandeiro de ontem é o professor de amanhã."
(*O Funil de Couro*, Arthur Conan Doyle)

Índice

Prefácio 9
1. Não se Nasce Bruxa, Torna-se Uma 13
2. Um Pouco de História da Bruxaria 19
3. Deusas e Bruxas 33
    3.1 Ártemis 35
    3.2 Enheduana 36
    3.3 Hécate 36
    3.4 Helena Blavatsky 37
    3.5 Iemanjá 37
    3.6 Jacy 38
    3.7 Kali 39
    3.8 Maria da Conceição 39
    3.9 Marie-Anne Lenormand 39
    3.10 Obá 40
    3.11 Pamela Smith 40
    3.12 Santa Sara Kali 41
    3.13 Starhawk 42
4. Recantos Mágicos 45
    4.1 Machu Picchu (Peru) 48
    4.2 Caminho de Santiago de Compostela (Espanha) 48

4.3 Haridwar (Índia) 49
4.4 Monte Kailash (Tibete) 50
4.5 Catedral de Chartres (França) 50
4.6 Stonehenge (Grã-Bretanha) 51
4.7 Newgrange (Irlanda) 51
5. Em Busca do Conhecimento Mágico 53
   5.1 O que é Magia? 53
   5.2 A Roda do Ano e os Ciclos Solares 61
   5.3 Nossa Companheira de Jornada Cósmica: a Lua 66
   5.4 Cada Dia da Semana Também é Mágico 72
   5.5 O Poder das Ervas, dos Cristais e das Cores 76
   5.6 Práticas Oraculares: Tarô e Autoconhecimento 91
   5.7 Alguns Usos do Tarô 103
6. A Magia no Dia a Dia: Algumas Dicas Práticas 107
7. *Factum*! Palavras Finais, por Enquanto 117
   7.1 Cuidando de Si 120
   7.2 Cuidando do Seu Lar 122
   7.3 Cuidando da Sua Comunidade e do Planeta 123
Apêndice 127
   Pequeno Glossário Mágico 128
   Alguns Símbolos Mágicos 130
   Mais Receitinhas de Bruxas 133
   Teste Mágico 136
Bibliografia 141

Prefácio

Foi após minha mãe ter feito sua passagem deste plano terreno que eu nasci outra vez. Foi a partir da morte dela que, como me dizia a carta 13 do Tarô, chegou o momento de ceifar o velho passado para fazer vir à tona uma nova vida, em mim e para mim. Teve então início o resgate da minha espiritualidade esquecida, cujos primeiros passos foram trilhados justamente com minha mãe, espiritualidade essa que me ajudou a emergir daquele luto e me redescobrir. Renascer.

Eis assim que eu, uma professora, descobri-me como uma aprendiz: iniciava-se num dia de domingo a jornada em busca da bruxa em mim. Bruxa, feiticeira, maga, o nome não importa tanto, o que interessava mesmo era a relação mágica que eu – filha, mãe, mulher – sentia despertar para com o mundo ao redor.

Mas, afinal, o que é mesmo uma *bruxa*?

Essa é uma questão fundamental que considero o ponto de partida deste livro. O termo "bruxo" ou "bruxa" pode sugerir diferentes concepções: a ideia de um feiticeiro a quem, em sociedades antigas, era atribuído um poder mágico; pode sugerir também a ideia de um herege, um adorador do Diabo, como o concebeu a Inquisição católica medieval (e como muitos pensam ainda hoje); e, por fim, a ideia de um praticante de diferentes ritos que celebram o Sagrado e a Natureza.[1]

Este livro, assim, adota o terceiro ponto de vista e se propõe como uma partilha de aprendizagens ligadas à magia, especialmente a magia natural,[2] aprendizagens que foram sendo construídas aos poucos, de maneira intuitiva e autodidata. Não é, portanto, um livro definitivo, mas uma introdução, uma compilação de informações básicas e diversas sobre o que é ser uma *bruxa natural*.

É também minha homenagem à minha mãe-matriarca, afinal, tudo começou com ela: era dela o jardim onde, na infância, eu brincava de dar aula para as plantas, minhas alunas (como se eu já intuísse a profissão que adotaria posteriormente); era dela o primeiro Tarô de Marselha que manejei na vida; era dela a paixão inicial pelas civilizações antigas, pelo poder das ervas e dos cristais, pela crença no lado oculto e mágico da vida.

Acredito que já passou o tempo de nos reduzirmos a posições extremistas e binárias, que veem o mundo de modo polarizado: ou pela lógica excludente de uma (suposta) racionalidade cientificista ou pela fé cega de superstições nada razoáveis. Assim, para além de posturas radicais e maniqueístas, penso que muitas outras pessoas possam se identificar com

---

1. Segundo propõem Jeffrey Russel e Brooks Alexander em sua *História da Bruxaria* (2019, p. 11-12): (1) bruxa é o mesmo que feiticeira: esta é a abordagem antropológica; (2) a bruxa adora o Diabo: esta é a abordagem para a bruxaria europeia; (3) a bruxa reverencia deuses e deusas, e pratica a magia para boas causas: este é o enfoque adotado pela maior parte dos bruxos modernos.
2. Muitos autores fazem distinções entre tipos de bruxaria, feitiçaria, magia e, desse modo, pode-se falar em bruxaria cerimonial, bruxaria natural, Wicca gardneriana, Wicca alexandrina, etc. Apresento este livro como uma soma de elementos convergentes, de várias tendências, assumindo-o, portanto, como um livro de bruxaria eclética, tal como propõe Flávio Lopes em *Bruxaria Solitária*. Mas, particularmente para mim, o aspecto principal é a relação espiritual com a Natureza.

este livro. Aquelas que veem o mundo holisticamente e que acreditam na conjunção de aspectos físicos, emocionais e espirituais. Aquelas que veem o mundo magicamente e acreditam na manipulação de energias e intenções. Sim, por que não? Viver a vida magicamente, esse é o pressuposto fundamental deste livro. Sua ideia principal, portanto, é a de que essa experiência de aprender a ser bruxa ou bruxo – um processo constante e contínuo – é um modo de ser e estar no mundo. É uma forma que pode ser vivenciada de maneira simples por qualquer pessoa, numa aprendizagem coletiva e positiva em função do Bem: o bem consigo, o bem com o próximo, o bem com o planeta.[3]

Este livro se organiza do seguinte modo: no capítulo 1, relato rapidamente minha constituição (sempre em andamento!) como *bruxa*; no capítulo 2, apresento um panorama geral da bruxaria em perspectiva histórica; no capítulo 3, apresento minha seleção de algumas deusas e bruxas, bem como suas facetas em relação ao conhecimento mágico; no capítulo 4, faço uma pequena listagem de lugares no mundo considerados tradicionalmente mágicos; no capítulo 5, abordo algumas noções básicas sobre a magia natural e sua prática; no capítulo 6, ofereço algumas dicas de pequenos rituais e feitiços compilados a partir de estudos e/ou vivenciados por mim, tudo sem pretensões mirabolantes, apenas para desfrutar da simplicidade boa e mágica da existência. Por fim, despeço-me no capítulo 7 com algumas máximas.

---

3. É sempre bom lembrar a lição que Johann Wolfgang von Goethe ensina com seu poema "O aprendiz de feiticeiro", de 1797: um aprendiz de feiticeiro, cansado de ter que limpar o chão e aproveitando-se da ausência de seu mestre, utiliza o livro de magias deste último sem o conhecimento necessário, a fim de que o esfregão faça sozinho o trabalho de limpeza. O resultado gera muita confusão, o que soa como alerta para o uso indevido e leviano das energias mágicas.

Acrescentei também, no apêndice, alguns temperos a mais neste "caldeirão": um quadro de correspondências (para cada intenção, uma relação de ingredientes e outras indicações para feitiços); um pequeno glossário de termos e expressões básicas; uma seleção de alguns símbolos mágicos com sua significação; um pequeno compilado de algumas receitas inspiradas em duas grandes Bruxas (devidamente referenciadas); e, por fim, um rápido teste para exercitar nossos conhecimentos, uma espécie de *magic quiz* com perguntas (e respostas) objetivas sobre alguns dos conteúdos vistos ao longo do livro.

No final, indico uma lista de livros e sites importantes na minha aprendizagem, relação que também pode servir de guia para leitores que queiram se aprofundar nos temas abordados.

Antes de iniciarmos esta jornada, preciso agradecer a algumas pessoas essenciais para a realização da escrita deste livro.

Minha irmã Celli e meu irmão Celio. Ambos, acompanhando minha transição, deram-me apoio fundamental, cada um à sua maneira.

Minha filha, Rosa Maria, grande parceirinha de vida que me ajuda todos os dias a me encontrar comigo mesma por meio do Amor.

Agradeço também à Sheyla Azevedo, que, na condição de minha psicanalista, ouviu e estimulou meus lampejos iniciais para esta escrita.

Agradeço, enfim, a você que vai me acompanhar nesta leitura: que sua aprendizagem rumo à bruxaria e à magia natural seja abençoada!

Cellina Muniz

1. Não se Nasce Bruxa, Torna-se Uma

Era só mais um dia. O que havia de diferente: meu aniversário.

Naquele 22 de janeiro de 2022, enquanto eu acordava para os meus 44 anos, soube da notícia de que se despedia da vida terrena aquela que seria uma mestra fundamental na minha trajetória mágica: Mirella Faur.[4]

Quando li casualmente a notícia de seu falecimento, eu, que estava ainda profundamente mergulhada no luto pela perda da minha mãe e envolvida com um tratamento para síndrome de pânico, fiquei imediatamente curiosa por saber mais a respeito daquela mulher de quem eu não conhecia absolutamente nada.

Foi como um chamado.

Primeiramente, soube que ela era a fundadora da Teia de Thea, uma espécie de "coletivo místico" (ou, como preferem

---

[4]. Mirella Faur (Romênia, Brasil, 2022) foi a principal propagadora da espiritualidade feminina no Brasil, autora de inúmeros títulos voltados para o tema, com destaque para *O Anuário da Grande Mãe*, *O Legado da Deusa* ou *As Faces Escuras da Grande Mãe*. Mais informações, acesse:<https://www.teiadethea.org/mirella-faur/>.

designar os seguidores da linha Wicca[5] de bruxaria, um *coven*) que, a partir de encontros realizados na Chácara Remanso, na cidade de Brasília, dedicava-se a reverenciar o Sagrado Feminino.

No mesmo dia eu já estava lendo, no meu aparelho para *e-books*, uma edição de seu livro *Círculos Sagrados para Mulheres Contemporâneas: Práticas, Rituais e Cerimônias para o Resgate da Sabedoria Ancestral e a Espiritualidade Feminina.*

A partir daquela leitura, não haveria mais volta. A cada página do livro, uma recordação esquecida da minha mãe retornava com força e só então eu compreendia as lições que ela já havia me ensinado antes: de como lidar com as plantas ao uso do tarô como meio para o autoconhecimento; do uso de pedras e cristais na meditação ao acompanhamento das fases lunares; de como conversar com os seres da natureza à substituição da lógica de competição pela cooperação; e tantas outras. Por meio das palavras da bruxa Mirella, minha mãe, a bruxa Dona Rosa, retornava.

E assim, aos poucos, a bruxa Cellina – esta filha do Céu – começou a aprender. E continua aprendendo. Sempre.

✷✷✷

Simone de Beauvoir, filósofa e uma das muitas pensadoras do movimento feminista, uma vez afirmou: "não se nasce mulher, torna-se uma". É uma máxima que se aplica a qualquer identidade (de gênero e orientação sexual, nacionalidade, grupo social, profissão, etc.). E era assim que eu me sentia em relação àquela nova faceta que percebia se moldar em mim naqueles primeiros meses de 2022. Era um ano que me acenava com um fiozinho de esperança após tanta coisa péssima ter acontecido (a pandemia de Covid-19, uma grande crise política e econômica no país, a morte de minha mãe, além de meu

---
5. No capítulo 2, falarei um pouco mais sobre a Wicca.

adoecimento mental e emocional). Sentia que era o momento de me recolher e deixar ir embora algumas das *Cellinas* que eu vivera até então — escritora *underground*, boêmia, agitadora cultural — para fazer acordar algo que estava profundamente adormecido em mim: minha espiritualidade.

Para ilustrar como esse lado espiritual já estava latente (e pode ser o caso de qualquer pessoa), vou narrar rapidamente alguns episódios.

Cresci num lar cuja família frequentava centro espírita, mas estudei sempre em colégios de freiras. Assim, durante o dia, eu lidava com o Catolicismo e, à noite, com o Espiritismo, e não via nenhum problema nisso. Mas, para além das instituições, as mais remotas lembranças do meu vínculo com o Sagrado estão mais associadas aos momentos em que eu regava as plantas do jardim da minha mãe, brincando de ser a professora delas. Eram momentos mágicos e, ainda hoje, tenho muito forte comigo a sensação de perfeita paz que aqueles instantes da minha infância proporcionavam.

Um dia, no colégio onde estudava, ocorreu o que chamo de "meu milagre". Eu tinha 9 anos e era um dia de homenagem a Nossa Senhora, razão pela qual nós, alunos, não precisávamos ir de uniforme escolar. Junto à minha blusa branca bordada e à minha saia azul, eu usava uma bolsinha de pano a tiracolo com o formato de carinha de boneca. Na volta do recreio, percebi que havia perdido a bolsinha e comecei a temer a reação da minha mãe quando eu voltasse para casa e contasse sobre minha perda.

No final da aula, fim de tarde, na missa para louvar Nossa Senhora, mãe de Jesus, eu me agarrei desesperada a rezar, pedindo que a bolsa me fosse devolvida. Na minha ingênua mente de criança, achava que a bolsa ia simplesmente cair do céu ali no meu colo e, ao ver que a noite chegava, o fim da missa se anunciava e nada acontecia, eu me coloquei desesperada a rezar mais e mais.

Quando a missa terminou, desalentada, eu segui com minha irmã para a portaria principal do colégio (e por onde eu não havia passado naquele dia) quando vi, num canto escuro, largada no chão, o rostinho da boneca sorrindo para mim.

Os anos passaram, cresci, fui correr atrás da vida, como se costuma dizer. Já adulta, perto de me formar em Letras, fui passar um fim de semana na praia de Canoa Quebrada, no litoral leste cearense, e um amigo me convidou para conhecer o Santo Daime, culto baseado no uso ritualístico da ayahuasca, um chá originário da floresta amazônica.[6] A experiência foi intensa e transformadora. A partir dali, foram mais ou menos dois anos de sintonia com o lado divino e sagrado da vida. Mas acabei me afastando, envolvida demais com as labutas do dia a dia, da profissão de professora universitária que se firmava e da maternidade que em breve chegaria. Minha intensidade em relação à espiritualidade, então, foi deixada de lado e eu fui tomada pelo lado mundano da existência.

Até aquele momento de redescoberta em 2022.

Aos poucos, muito lentamente, a bruxa em mim foi tomando lugar. A frase que eu dizia antes, em tom de brincadeira, foi se tornando realidade: "vai haver um tempo em que

---

6 . Existem muitas linhas de uso ritual da ayahuasca, chá formulado a partir da junção entre o cipó *banisteriopsis caapi* (conhecido como jagube) e a folha *Psychotria viridis* (conhecida como chacrona). Essa bebida enteógena é conhecida por diferentes nomes (Daime, Vegetal, Kamarãpi, Huni) e consagrada em várias doutrinas religiosas (Barquinha, União do Vegetal e o próprio Santo Daime). O Santo Daime ou simplesmente Daime é uma doutrina religiosa criada pelo Mestre Irineu Serra em 1930, no Acre, que congrega elementos da cultura cabocla e do Cristianismo. Para maior aprofundamento, recomendo o livro *Eu Venho de Longe: Mestre Irineu e Seus Companheiros*, de Paulo Moreira e Edward McRay (ver referência completa na bibliografia deste livro).

vou trocar a cerveja por chá". E fui mesmo trocando as ruidosas mesas de bar pelo silêncio do meu pequeno jardim.

Agregado a isso, há também o aspecto de certa "militância", se se entende essa postura não como participação em um coletivo ou partido, com suas agendas de manifestos e protestos pontuais, mas efetivamente como uma atitude cotidiana, tanto de contestação e enfrentamento de uma tradição machista, misógina e patriarcal,[7] como também a favor de práticas que visem ao respeito pela Natureza e à sustentabilidade ambiental.

Depois de ler Mirella Faur, fui me aprofundando em leituras, das quais destaco alguns títulos: *História da Bruxaria*, de Jeffrey B. Russel e Brooks Alexander, um grande tratado historiográfico que abarca desde os cultos mais ancestrais até divindades femininas em diferentes culturas às tendências neopagãs da contemporaneidade. Outros dois livros que fizeram e fazem minha cabeça e coração são da autora Arin Murphy--Hisgock: *Bruxa Natural: Guia Completo de Ervas, Flores, Óleos Essenciais e Outras Magias* e *A Casa da Bruxa Natural: Rituais, Feitiços e Receitas para Criar um Lar Mágico*. Mas tenho outros queridinhos, como o *Dicionário Lunar: o Guia do Momento Certo*, de Johanna Paungger e Thomas Poppe (mais um dentre os muitos livros herdados da minha mãe) e *Técnicas de Magia Natural: o Poder da Terra*, de Scott Cunningham. Isso sem mencionar duas grandes bruxas que aprendi a admirar com minha mãe, muito antes desta empreitada, e

---

7. Indico o livro de Mona Chollet: *Bruxas: a Força Invisível das Mulheres* como referência sobre a relação entre movimentos feministas e mulheres que se autointitulam bruxas, no que se destaca o exemplo de Matilda Joslyn Gage (1826-1898), defensora do voto feminino, dos povos ameríndios e da abolição da escravidão. Autora do livro *Mulher, Igreja e Estado* (1893), assim ela se pronunciou: *Quando, no lugar de "bruxas", escolhemos ler "mulheres", temos uma compreensão melhor das crueldades infligidas pela Igreja a essa parcela da humanidade* (CHOLLET, 2022, p. 30).

às quais dedico uma maior atenção no Apêndice deste livro: Márcia Frazão e Govenka Morgan. Por fim, reconheço, ainda, a importância das bruxas da nossa contemporaneidade digital, em que destaco os perfis @gaia.terapiaverde, @diariodabruxa e @temperodebruxa, respectivamente das bruxas Michelli Minella, Pri Ferraz e Amanda Celli.

Obviamente, fui acrescentando ao meu cabedal outros autores e obras. Há por aí uma infinidade de nomes e títulos excelentes para se mergulhar no mundo temático da magia: desde os mais clássicos (Cornelius Agrippa, Éliphas Lévi, Gerald Gardner, Raymond Buckland, Doreen Valiente e Starhawk, por exemplo) até os mais contemporâneos (Selene Fox, Claudiney Prieto e Tânia Gori, por exemplo).

É preciso também considerar que existe uma gama de conhecimentos mágicos que não estão nos livros, nem se restringem a uma única tendência ou inspiração de religiosidade. A relação mágica com o Espírito Criador e a Mãe Natureza se manifesta de muitas formas, em diversas vertentes, do Hinduísmo ao Catimbó-jurema.[8] Assim, é preciso reverenciar saberes ancestrais (quase sempre reduzidos banalmente a "crendices populares"), conhecimentos repassados de geração em geração e perpetuados por benzedeiras(os), curandeiras(os), rezadeiras(os), pajés, xamãs, enfim, feiticeiras(os), magas(os) e bruxas(os) de todas as épocas e culturas.

O que importa é se permitir aprender, sempre honrando a Natureza. Ouvir o chamado, levando consigo a máxima de que, não prejudicando nada nem ninguém, faça-se a sua vontade.

---

8. Há muitas obras sobre linhagens religiosas não hegemônicas, dentre as quais as de matriz africana e indígena. A que me acompanhou mais de perto no meu processo de imersão na bruxaria natural foi o livro de Sheyla Azevedo, *Religare: os Caminhos da Fé*.

2. Um Pouco de História da Bruxaria

Desde nosso surgimento no mundo, um olhar mágico sobre a realidade acompanha a humanidade em toda e qualquer civilização. A relação com o divino e com o fantástico se originou há milhares de anos, num relacionamento que se perpetua de geração em geração por eras. Como bem resume *O Livro de Ouro de Ciências Ocultas*, de Friedrich Doucet, pode-se pensar que o desenvolvimento da condição de *Homo sapiens* se fez em paralelo ao de *Homo magus*:

> Já despertava no Homem de Neandertal a noção de algo espiritual, de uma entidade etérea ou nebulosa que habitava e comandava o corpo humano. Tal crença numa entidade espiritual, o denominado animismo (do latim "anima": alma), ainda hoje encontrado entre os nômades do Norte da Sibéria, os esquimós, índios e outros povos primitivos, já devia estar arraigada entre os homens da Idade da Pedra, conforme provam achados arqueológicos. E as pesquisas dos antropólogos e

etnólogos indicam que este animismo primitivo não era somente uma espécie de religião pré-histórica, mas a base semiteórica para o desenvolvimento de práticas mágicas (DOUCET, 2001, p. 64).

Com efeito, desde a mais primitiva reverência ao Sagrado de que se tem notícia, por meio de totens, troncos dos mortos e máscaras, até o surgimento da escrita, achados arqueológicos atestam a relação entre seres humanos e o Divino[9] em diferentes culturas e povos:

> Quer se trate de escritos sumérios em caracteres cuneiformes, textos em hieróglifos nas paredes de túmulos das mais antigas pirâmides egípcias, ou inscrições pictóricas talhadas em pedra nos templos agora recobertos pela vegetação tropical das primitivas civilizações centro e sul-americanas. A magia teve início muito antes da invenção da escrita e começou provavelmente com a aparição do homem sobre a Terra (DOUCET, 2001, p. 57).

Não é meu intento, neste capítulo, dar conta de como o ser humano tem lidado com o divino, o mistério e o oculto por

---

[9]. Pensemos em alguns exemplos. O poema-hino, gravado em escrita cuneiforme em um disco de alabastro, atribuído à poeta e sacerdotisa Enheduana, na Suméria de 2000 anos a.C. Enheduana foi uma sacerdotisa do deus Nana, divindade masculina da Lua, na antiga cidade suméria de Ur. Embora a obra *A Epopeia de Gilgamesh*, também da Suméria, seja considerada a peça literária mais antiga do mundo, é a Enheduana que se atribui o primeiro registro de autoria. Sua composição mais notável é *A Exaltação de Inana*, em que reverencia a deusa Inana, uma das mais célebres divindades cultuadas na Mesopotâmia. Para mais detalhes, ver o livro *Inana: antes da Poesia ser Palavra, Era Mulher*, com tradução dos textos originais por Guilherme Gontijo Flores e Adriano Scandolara. Sem falar nos textos sagrados, como a Bíblia, a Cabala ou, não menos importante, os *Vedas*, escrituras em sânscrito de 3000 anos a.c., consideradas sagradas pelo Hinduísmo e listadas como Patrimônio Imaterial da Humanidade pela Unesco.

meio de uma visão mágica sobre a vida ao longo do tempo e em diferentes culturas. Essa tarefa demandaria um livro à parte. Vou me ater a uma brevíssima retrospectiva da visão ocidental de bruxaria, desde a obstinada e furiosa perseguição da Inquisição na Idade Média, passando por sua valorização com os círculos ocultistas que emergem nos fins do século XIX, até culminar na institucionalização religiosa por intermédio de grupos ou *covens*, por exemplo, a Wicca. Nesse retrospecto, há que se frisar ainda aquilo que se postula, na atualidade, como "o retorno da Deusa", a combinação entre as pautas feministas e ambientalistas, de um lado, e as práticas de bruxos e bruxas que se posicionam contra toda forma de injustiça e opressão de gênero, bem como contra a exploração indiscriminada e predatória dos recursos naturais, de outro.

Primeiramente, penso que todo aquele que se pretende guiar pelos caminhos da magia precisa conhecer e se posicionar a respeito de uma dívida histórica: os crimes de humanidade que foram a prisão, a tortura e a matança de pessoas, notadamente mulheres, por meio da "caça às bruxas" ocorrida na Europa entre os séculos XV e XVII. Segundo Russel e Alexander (2019, p. 15), "entre 1450 e 1750, aproximadamente 110 mil pessoas foram torturadas, sob a acusação de bruxaria, sendo que 40 mil a 60 mil delas foram executadas".

A que se deveu tal horror?

É preciso retroceder ainda mais na História. Relembrar que as antigas sociedades matriarcais, baseadas no culto a divindades femininas, foram progressivamente tornando-se culturas patriarcais fundamentadas na inferiorização da mulher, para o que contribuiu uma série de condições. De acordo com Rose Marie Muraro em sua introdução à edição brasileira de *Malleus Maleficarum: o Martelo das Feiticeiras* (1991), as sociedades pré-históricas, baseadas na coleta e na caça de pequenos animais, tinham na mulher sua figura de maior destaque em razão de seu poder biológico, o poder de conceber, gerar e parir uma nova vida. Foi no decorrer do período Neolítico (por volta de 10000 ou 8000 a.C.) que a figura masculina foi assumindo lentamente lugar de poder e liderança, para o que contribuíram elementos diversos. Como resume Cristina Balieiro em seu ensaio *Quando Deus Era Mulher: a Grande Mãe* (2020, p. 18):

> Por um grande espaço de tempo sobre a Terra, esse culto à Grande Deusa predominou em várias regiões do planeta, mas foi implacavelmente combatido, especialmente por povos que professavam religiões monoteístas masculinas e que conquistaram esses povos que professavam a fé nessa deidade feminina. Esses conquistadores vinham normalmente de tribos guerreiras nômades, que dominavam as artes da guerra e a feitura de armas, e conseguiram dominar povos mais pacíficos de cultura agrária.

Em meio, pois, ao desenvolvimento tecnológico, com a fabricação de armas (e guerras) e de instrumentos mais complexos para cultivar a terra (o arado, por exemplo, que propiciou o advento da agricultura), a cultura patriarcal foi se estabelecendo lentamente, sobretudo com a instauração do Cristianismo como religião oficial do Império Romano no século IV d.C., do que decorre, também, o controle da sexualidade feminina pela institucionalização do casamento e da família, centrada na figura do pai. Assim se inicia o desenvolvimento progressivo (e violento) de uma mentalidade de inferioridade da mulher.[10]

---

10 . Na introdução da edição brasileira de *Malleus Maleficarum: o Martelo das Feiticeiras* (1991, p. 11), assim resume Rose Marie Muraro: "De agora em diante, poder, competitividade, conhecimento, controle, manipulação, abstração e vio-

Essa relação assimétrica e opressiva que foi se estabelecendo entre homens e mulheres teve na Renascença um fator de maior impulso: as formas primitivas do capitalismo. A nova organização social e econômica que principiava na Europa a partir do século XV tinha na apropriação das terras do campesinato, antes comunitárias, a principal condição de possibilidade para a caça às bruxas.

Em sua obra *Mulheres e Caça às Bruxas,* a escritora, professora e militante feminista Silvia Federici (2019) caracteriza a caça às bruxas como um fenômeno intimamente relacionado ao surgimento do capitalismo e à crescente acumulação de capital que se fizeram, sobretudo, por meio da privatização de propriedades rurais até então coletivas, os chamados "cercamentos". Segundo a autora, "parece haver uma relação singular entre o desmantelamento dos regimes comunitários e a demonização de integrantes das comunidades afetadas" (FEDERICI, 2019, versão Kindle.). Essa demonização incidiu, principalmente, sobre aquelas figuras mais vulneráveis: mulheres, pobres, velhas, solteiras e viúvas. E acrescenta a autora:

> Aos fatores econômicos no segundo plano da acusação de bruxaria devemos acrescentar a política institucional cada vez mais misógina que confinava as mulheres a uma posição social de subordinação em relação aos homens e que punia com severidade, como subversão da ordem social, qualquer afirmação de independência de sua parte e qualquer transgressão sexual. A "bruxa" era uma mulher de "má reputação", que na juventude

---

lência vêm juntos. O amor, a integração com o meio ambiente e com as próprias emoções são os elementos mais desestabilizadores da ordem vigente. Por isso, é preciso precaver-se de todas as maneiras contra a mulher, impedi-la de interferir nos processos decisórios, fazer com que ela introjete uma ideologia que a convença de sua própria inferioridade em relação ao homem".

apresentara comportamento "libertino", "promíscuo". Muitas vezes, tinha crianças fora do casamento e sua conduta contradizia o modelo de feminilidade que, por meio do direito, do púlpito e da reorganização familiar, fora imposto à população feminina da Europa durante esse período. Às vezes era curandeira praticante de várias formas de magia que a tornavam popular na comunidade, mas isso cada vez mais a assinalava como perigo à estrutura de poder local e nacional em sua guerra contra todas as formas de poder popular (FEDERICI, 2019, versão Kindle).

O resultado disso tudo é tristemente conhecido: qualquer um que não se adaptasse ao novo modo de viver em sociedade, permanecendo fiel a velhas práticas e hábitos, seria considerado um suspeito em potencial. Assim:

A caça às bruxas serviu para privar as mulheres de suas práticas médicas, forçou-as a se submeterem ao controle patriarcal da família nuclear e destruiu um conceito holístico de natureza que, até a Renascença, impunha limites à exploração do corpo feminino (FEDERICI, 2019, versão Kindle).

Nesse projeto de imposição de uma nova ordem (baseada na propriedade privada e centrada nas mãos de poucos privilegiados, bem como nas relações desiguais entre homens e mulheres),[11] teve um papel crucial a obra *Malleus Malefi-*

---

[11] Há, evidentemente, outros fatores que contextualizam essa perseguição: a Europa devastada por guerras e pela peste, bem como a marginalização já existente de leprosos e judeus foram alguns elementos que condicionaram o afã da Igreja de legitimar seu poder, o que se fez, sem dúvida, pela disseminação do medo e do terror (cf. GINZBURG, 1991).

carum, mais conhecida como *O Martelo das Feiticeiras*, um tratado assinado pelos inquisidores Heinrich Kramer e James Sprenger em 1484, o qual se propunha como um manual para identificar, torturar e matar bruxas, para não dizer simplesmente, mulheres. Segundo esse tratado, três formas (bastante questionáveis) revelariam uma bruxa: sua reputação, a evidência do fato e os depoimentos das testemunhas (KRAMER; SPRENGER, 1991, p. 414).[12]

Imaginemos, então, o cenário: as terras em que antes todos podiam cultivar e tirar dali seu sustento passam a ser de uso exclusivo de alguns, o que faz com que cresçam as dificuldades e o custo de vida para muitos, gerando inclusive pessoas em situação de mendicância (principalmente mulheres idosas e sozinhas). Isso vai resultar, por sua vez, em atritos e disputas entre concidadãos e vizinhos, com brigas e trocas de maledicências e injúrias. Eis aí o suficiente para se criar uma reputação negativa sobre alguém. Diante disso, começam a surgir as denúncias, inicialmente de forma tímida, até aumentarem de maneira vertiginosa e histérica. Com a prisão das denunciadas, num exame de seus corpos, um simples sinal de nascença seria associado a uma marca "demoníaca" – a evidência que as autoridades precisariam para legitimar seus interrogatórios cruéis e torturas sádicas. Não demorou, assim, para se associar ritos festivos rurais e práticas ancestrais de magias femininas a rituais maléficos e demoníacos de bruxaria. Por fim, os depoimentos (dos próprios denunciantes) só confirmariam o que se queria. Tudo isso embasado nas crenças machistas de que mulheres eram fracas, libidinosas e, consequentemente,

---

12. Além desse famoso tratado demonológico, outras muitas obras contribuíram para a perseguição às mulheres/bruxas. É o exemplo de *Formicarius*, escrito bem antes, nos anos 30 do século XV, pelo dominicano alemão Johannes Nider (cf. GINZBURG, 1991).

mais susceptíveis à ação do Diabo.[13] Esse é o resumo do triste cenário em que milhares de mulheres arderam nas infames fogueiras da Inquisição.

E não pensemos que essa caça às bruxas, motivada pelo sistema patriarcal e pré-capitalista, restringiu-se à Europa. A Inquisição, ainda que em outros moldes, alastrou-se pelas colônias, como o Brasil, e os povos nativos, senão dizimados, tiveram que se ajustar à ortodoxia cristã europeia associada à exploração econômica e à escravidão de povos sequestrados da África, sendo arrancados de suas crenças e valores culturais e espirituais originários.

Fora da Europa, o caso mais célebre de que se tem notícia foi em Salem, Massachusetts, nos Estados Unidos do período colonial. Com um "caldeirão" onde ferveram intrigas políticas e surtos de histeria coletiva, a caça às bruxas de Salem foi o resultado de um clima de disputa, acima de tudo, política e moral.

Tudo começou com a nomeação controversa de Samuel Parris para pastor da vila, em 1689. A comunidade da vila, já ressentida com várias disputas internas e com a dependência junto à cidade de Salem, bem como com o pastor anterior (James Bayley), dividiu-se entre aliados e inimigos do novo pastor. Um de seus aliados era a família Putnam, cujo pai voltou a casar após o falecimento da primeira esposa. Os filhos do primeiro casamento tinham grande desavença com a madrasta

---

13. Conforme afirmam Russel e Alexander (2019, p. 54-55), as antigas religiões ligadas aos povos do Mediterrâneo ou do Norte eram significativamente diferentes, mas à medida que o Cristianismo avançava, os teólogos e os concílios da Igreja incluíam todas elas como "parte do monstruoso plano de Satã para frustrar a salvação do mundo". Assim, *"o termo 'pagão', que significava 'rústico' ou 'labrego, era insultuoso, e os cristãos aplicavam-no indiscriminadamente a todas as religiões monistas/politeístas com que se deparavam"*. Desse modo, figuras que antes eram cultuadas por celtas e anglo-saxões, com cabeças de animais e dotadas de chifres, como sinal de poder e fertilidade, passaram a simbolizar o Diabo cristão.

2. Um Pouco de História da Bruxaria

e com o filho dela, e a eles associaram os adversários políticos de Parris. Quando a filha e a sobrinha de Parris começaram a padecer de ataques e alegaram ter visões, daí foi um pulo para transformar "os inimigos pessoais em inimigos da comunidade e os inimigos da comunidade em servos de Satã" (RUSSEL; ALEXANDER, 2019, p. 152). Agregado a isso, a existência de uma mulher vinda das Índias Ocidentais e escravizada a serviço do pastor Parris. Tituba era seu nome e como suas práticas religiosas de origem destoavam do puritanismo reinante, não demorou a ser uma das primeiras acusadas de bruxaria. Sucedeu-se, então, uma série de julgamentos que culminaram em 19 pessoas enforcadas (14 mulheres e cinco homens), além de uma idosa morta por esmagamento a pedradas.

Voltando à Europa, depois de muita matança, quando as denúncias, os julgamentos e as mortes por bruxaria atingiram proporções incontroláveis, a crença nas bruxas começou a arrefecer no século XVII.[14] Para isso, dentre outros elementos, contribuiu o conjunto de obras e autores iluministas que projetavam uma nova mentalidade junto à Modernidade que se inaugurava: a mentalidade científica.

Uma cisão vai se fazendo então entre fé e saber, entre religião e ciência, colocadas como inimigas a partir de autores como Francis Bacon (1561-1626) e René Descartes (1596-1650). Esse último, aliás, ainda que pertencente à Ordem dos Rosa-cruzes, é celebrizado pela máxima *cogito ergo sum*, isto é, "penso, logo existo", o que preconiza o absoluto uso da razão e do pensamento lógico.

Assim, o ato de associar a criança que adoeceu ou o estoque de alimentos que apodreceu à ação maléfica de uma vizinha

---
14. Como assinalam Russel e Alexander (2019, p. 161), um fato que ilustra esse arrefecimento foi o édito publicado em 1682 em que o rei da França, Luís XIV, nega a existência de bruxas e põe fim às denúncias de bruxaria.

considerada bruxa (eram essas algumas das acusações costumeiramente feitas) foi se tornando cada vez mais elemento de zombaria. Segundo a nova mentalidade que se moldava, seria preciso verificar e atestar todo fenômeno por meio de evidências, sendo essas encaradas pelo viés da objetividade e da racionalidade. Logo, a bruxaria foi sendo aos poucos posta em dúvida, rebaixada e ridicularizada, incluindo-se assim a crença em bruxas.

Até que o século XIX fez ressurgir a noção de bruxaria, aí então não mais vista como coisa diabólica e maligna nem como coisa supersticiosa e estulta.

O espírito romântico e sua idealização de um passado belo e longínquo contribuíram para que grupos de intelectuais passassem a se organizar e se dedicar ao que acreditavam serem manifestações religiosas de povos pagãos. Escritores como Étienne-Léon de Lamothe-Langon (1786-1864) ou *Sir* Walter Scott (1771-1832) foram alguns dos primeiros nomes que contribuíram para difundir a ideia de que a bruxaria era, de fato, uma religião de origem pagã que subsistira durante toda a Idade Média, muitas vezes sem provas reais e apelando até para falsificações (RUSSEL; ALEXANDER, 2019, p. 162).

Foi no século XIX, então, que duas grandes teses sobre a bruxaria iriam se difundir: a de que se tratava de manifestações populares contrárias à opressão da Igreja e da aristocracia rural, bem como a de que se tratava de remanescentes de antigos cultos de fertilidade.[15] E foi nesse mesmo século que surgiram ou tomaram novo fôlego movimentos ocultistas, com grupos secretos e místicos, tais como a Ordem Rosa-cruz, a Ordo Templi Orientis e a Ordem Hermética da Aurora Dourada,

---

15. O historiador Carlo Ginzburg, na obra *História Noturna*, explica como antigos ritos populares ajudaram a criar o estereótipo do *sabá* pelos teólogos da Inquisição.

dentre os quais se destacavam nomes notórios, como Bram Stoker ou Aleister Crowley.[16]

Outros nomes que também merecem ser ressaltados: o folclorista Charles Godfrey Leland (1824-1903) e sua controversa obra *Aradia*, em que defende a existência de uma antiga religião de culto à deusa Diana com base em depoimentos de uma bruxa toscana chamada Maddalena. E, não menos importante, a antropóloga, arqueóloga e egiptóloga Margaret Murray (1863-1963), autora do livro cujo título no Brasil saiu como *O Culto das Bruxas na Europa Ocidental*,[17] publicado originalmente em 1921. Essa obra causou rebuliço ao afirmar que a deidade original seria bipolar e bissexual na antiga bruxaria pagã. Sobre as formulações de Margareth Murray, assinalam Russel e Alexander (2019, p. 193): "Ela contribuiu com ideias e terminologia, bem como a descrição detalhada de práticas que foram aceitas pelo movimento da bruxaria moderna".

No ritmo de transformação do século XX, a noção de bruxaria se reformulou com força. Surgiu, então, todo um movimento de bruxaria neopagã ou bruxaria moderna que começou a se afirmar como Wicca.

Novamente de acordo com Russel e Alexander (2019, p. 21), "a palavra inglesa Wicca, que já teria aparecido num manuscrito do século IX, significava originalmente 'feiticeiro' [...]". Segundo os autores, a palavra inglesa "witch" (bruxa)

---

16. O poeta e escritor irlandês Bram Stoker (1847-1912) é mundialmente conhecido pela sua obra *Drácula*, romance gótico traduzido para inúmeras línguas e principal difusor do mito do vampiro. Já Edward Alexander Crowley, mais conhecido como Aleister Crowley (1875-1947), fundou uma religião própria, criando a Abadia de Thelema e o Collegium ad Spiritum Sanctum. Deixou várias obras de ocultismo e se notabilizou por se autodenominar como A Grande Besta 666.
17. Obra publicada em língua portuguesa pela Madras Editora.

deriva do termo em inglês antigo "wiccian", isto é, "lançar feitiço".

Nesse movimento, uma série de autores e de obras foi importante. É o caso de Robert Graves (1895-1985), poeta, romancista e ensaísta inglês, autor de *The White Goddess: a Historical Grammar of Poetic Myth* (*A Deusa Branca: uma Gramática Histórica do Mito Poético*), em que assinala a religião da Deusa, representada pela Lua Tríplice: a jovem donzela da Lua Crescente, a gloriosa dama da Lua Cheia e a sábia anciã da Lua Minguante. Outra obra fundamental para a Wicca é *Witchcraft Today* (*A Bruxaria Hoje*[18]), publicada originalmente em 1954 e de autoria do antropólogo inglês Gerald Gardner (1884-1964).

A Wicca chegou à América, em meio ao modo de ser *hippie* e *new age*, numa onda de misticismo que tomou conta daqueles que não se identificavam com as religiões ortodoxas. No cenário de contracultura e de contestação ao *establishment*, o também antropólogo Raymond Buckland (1934-2017) chegou aos Estados Unidos em 1962 e difundiu os preceitos básicos da Wicca gardneriana a partir da criação, junto à sua esposa Rosemarie, da Seax-Wica em 1973.

Outros nomes podem ainda ser associados à história da Wicca, tais como Doreen Valiente (1922-1999), considerada "a avó da bruxaria moderna", e Alex Sanders (1926-1988), que viria a instituir sua própria tradição de bruxaria, conhecida como Wicca alexandrina.

E de todas as vertentes associadas à bruxaria, podemos pensar uma unidade para ela a partir do que propõe Margot Adler, jornalista e estudiosa do paganismo na atualidade. Segundo ela, a bruxaria moderna ou neopagã pode ser resumida

---
18. Obra publicada em língua portuguesa pela Madras Editora.

em alguns pontos principais (ver RUSSEL; ALEXANDER, 2019, p. 204):

- Animismo, politeísmo, panteísmo: a crença na alma humana, princípio de todas as nossas emoções e pensamentos; a crença na existência de várias deidades; a integração única entre Deus e Universo;
- Feminismo: diferentes modos de organização e ação política (não me refiro a siglas partidárias) de luta pela equidade entre os gêneros;
- Inexistência do "Pecado": o Mal em si, como uma entidade perversa e contrária à humanidade da maneira como se representa correntemente nas religiões cristãs, não existe;
- Reciprocidade espiritual: a chamada "lei do retorno", ou seja, a perspectiva de que colhemos o que plantamos.

Nos dias de hoje, pode-se dizer que a bruxaria, com seu olhar mágico sobre o mundo, encontra cada vez mais um lugar ao sol (embora haja ainda muito preconceito com seus praticantes e simpatizantes). Das pessoas, principalmente mulheres, perseguidas e assassinadas na Idade Média, uma grande reviravolta fez com que o século XXI surgisse acompanhando-se daqueles que adotam o eco do feminismo e reverenciam o Sagrado Feminino, assumindo-se orgulhosamente como bruxos e bruxas.

Sim, como afirma Starhawk (2021), à revelia de todas as conotações negativas que pesaram (e ainda pesam) sobre o termo "bruxa", é preciso reivindicá-la como um direito; o direito de reconhecer-se como ser de poder e como ser divino.

A profusão de todo um mercado em torno da bruxaria certamente contribuiu para um maior reconhecimento disso, mercado de bens e serviços que atua por meio de setores tão díspares como medicina natural, terapia holística, festejos de *Halloween,* objetos de vestuário e decoração, retiros espirituais ou cursos de iniciação. Tudo isso atrelado à propagação feita pela cultura *pop,* com livros, filmes e redes sociais. Assim, a bruxaria, em todas as suas ramificações e designações possíveis, ganha mais e mais visibilidade.

Essa história, portanto, não termina aqui. Este capítulo, além do mais, é somente um retrato mínimo, uma síntese de momentos, fatos e nomes relevantes. Muito há ainda a se dizer sobre a bruxaria e seus praticantes. Mas que fique, de toda essa rápida retrospectiva, uma lição de suma importância para todos nós, bruxos ou não: a da tolerância e do respeito.

3. Deusas e Bruxas

Como bem assinala Márcia Frazão, em seu livro *Revelações de uma Bruxa* (2002, p. 17), reconhecer-se bruxa é reconhecer-se, antes, mulher. E, embora, evidentemente, a bruxaria não se reduza a pessoas do sexo feminino, não há como, de fato, tratar de bruxaria sem tratar do Sagrado Feminino.

Entre os artefatos mais antigos da humanidade, estão as estatuetas conhecidas como *Vênus* (nome da versão romana da deusa grega Afrodite, deusa da feminilidade e do amor). Elas datam de, pelo menos, 20 mil anos antes da Era Cristã e foram encontradas em regiões diversas que abarcam o território compreendido entre a Cordilheira dos Pirineus (Europa) e a Sibéria (Rússia). Esses preciosos achados arqueológicos demonstram que as divindades primordiais eram femininas, como já pincelei rapidamente no capítulo anterior. Em suas várias versões (Vênus de Laussel, Vênus de Willendorf, Vênus de Milo, por exemplo), essas estatuetas representam mulheres de carnes fartas (grandes seios e nádegas, barriga volumosa), ilustrando toda a fertilidade e abundância da Mãe Terra. Não importa de onde fossem, os povos mais antigos reverenciavam divindades femininas que significavam a fonte originária de tudo. Eis aí o princípio da expressão Sagrado Feminino.[19]

Com efeito, a relação entre mulheres e espiritualidade povoou e povoa todas as culturas e gerações. E, como bem lembra Mirella Faur, mesmo com toda a perseguição às filhas da Deusa – sacerdotisas, profetisas, curandeiras, xamãs, magas, videntes, mestras, bruxas –, a força do feminino teima em resistir.

É preciso, pois, depois de tanta perseguição e opressão, restabelecer essa memória ancestral de conexão com a Natureza, nossa Mãe Criadora, em suas diferentes facetas expressas pelas muitas deusas cultuadas por vários povos do mundo. Como diz Mirella Faur no livro *Círculos Sagrados para Mulheres Contemporâneas* (2010, p. 44):

> Em contraste com a figura de um Deus velho, barbudo e sisudo, aparecendo entre as nuvens, as tocantes imagens da Deusa são telúricas e cósmicas, maternais e carnais, evocando a sacralidade e fertilidade da Natureza e da figura feminina.

Assim, eu não poderia deixar de fazer uma referência a algumas das figuras femininas que atravessam nosso imaginário sobre magia e feminilidade. A seguir, apresento minha relação particular de algumas dessas figuras. Trata-se de uma pequena listagem com dois tipos de figuras: mulheres personificadas em alguma divindade relacionada a um aspecto do Sagrado Feminino (uma deusa); ou personalidades históricas envolvidas de algum modo com o conhecimento mágico (uma bruxa).

---

19. Sobre o tema do Sagrado Feminino, além das obras já citadas de Mirella Faur, indico os volumes 1 e 2 de *O Legado das Deusas* (2020; 2021), de Cristina Balieiro; *Oráculo da Grande Mãe*, de Claudiney Prieto (2017); e *O Tarô da Deusa Tríplice*, de Ishtar Lerner (2021).

Seria uma relação bastante extensa, por isso me restringi ao número de 13. São figuras bastante ecléticas com as quais me identifico, e nutro uma relação de respeito e admiração, não sendo, de modo algum, mais importantes do que outras, muitas e muitas, não citadas aqui neste livro. Escolhi o número de 13 figuras femininas (lendárias ou reais), porque esse número simboliza a mandala da natureza multifacetada da Grande Deusa, de acordo com a proposta por Mirella Faur: *filha, irmã, donzela, amante, mãe, mestra, amazona, matriarca, sacerdotisa, maga, anciã, deusa negra e energia transformadora.*

3.1 ÁRTEMIS

Dos deuses adorados na antiga Grécia, a deusa Ártemis (Diana, para os romanos) sempre foi a minha favorita. Eu gostei dela desde minhas primeiras leituras sobre mitologia grega, porque ela representa a mulher independente, cheia de força e dignidade. Em vez de se meter em intrigas, como era típico entre os demais colegas do Monte Olimpo (a morada dos deuses), ela preferia ficar "de boas" nos seus bosques com seu séquito de ninfas.

Ártemis era filha de Zeus e de Leto, e irmã gêmea de Apolo. Como nasceu primeiro, presenciou as dores do parto de seu irmão e decidiu, assim, nunca vivenciar a maternidade.

Ártemis era a deusa da caça e da vida selvagem. Também se vinculava à lua, enquanto seu irmão Apolo conduzia o carro do sol. Assim, também está relacionada à fertilidade, ao parto e à magia. Não à toa, segundo os documentos dos processos movidos pela Inquisição, muitas das mulheres "afirmariam" sair à noite para adorar a deusa Diana em rituais orgíacos (cf. GINZBURG, 1991).[20]

Como destaca Claudiney Prieto (2017, p. 89), ela é uma deusa contraditória: uma virgem que promovia a promiscuidade e uma protetora dos animais que caçava, o que remete, de certa forma, às flutuações hormonais que nós, mulheres, podemos vivenciar em nossos ciclos mensais.

3.2 ENHEDUANA

Filha do rei Sargão da Acádia (2332-2279 a.C.), da antiga cidade de Ur, na Suméria, Enheduana era sacerdotisa do deus Nana (a divindade masculina ligada à Lua) e, também, poeta. Além de líder religiosa, tinha talento artístico e intelectual. A ela se atribui o primeiro registro de autoria literária da História. Suas composições literárias foram encontradas em discos de alabastro, em escrita cuneiforme, revelando um misto de poema e hino, provavelmente, cantado com flautas e cítaras nas cerimônias religiosas. Uma dessas composições reverencia a deusa Inana, a deusa mais importante dos mesopotâmicos, uma divindade de três facetas: donzela, guerreira e amante.

3.3 HÉCATE

É a deusa grega da bruxaria! Senhora de nascimentos, morte e renascimentos. Segundo Claudiney Pietro (2017, p. 161), as origens do culto a essa deusa se localizam na região

---

20. Em referência à deusa Diana (Ártemis), a militante feminista e adepta da Wicca conhecida como Z Budapet criou sua tradição denominada Bruxaria Diânica, contando exclusivamente com mulheres, e combatendo o patriarcalismo e o militarismo (cf. RUSSEL; ALEXANDER, 2019).

da Ásia menor, com os carianos, onde era consagrada como a Grande Deusa, sendo assimilada pelos gregos no século VI a.C.

Recorrentemente representada com duas tochas ou ainda numa forma tríplice (donzela, mãe, anciã), Hécate é a senhora das encruzilhadas, das terras selvagens e sombrias e se associa especialmente à Lua Nova.

Convém que todo e qualquer praticante de magia conheça seus mitos e símbolos, bem como deva invocá-la para encarar as próprias sombras.

3.4 HELENA BLAVATSKY

Mais conhecida como Madame Blavatsky (1831-1891), foi uma escritora e ocultista russa (nascida na Ucrânia). Largou o casamento (o que, àquela época, era uma atitude impensável) e saiu viajando sozinha em busca de conhecimentos sobre as ciências ocultas. Foi para os Estados Unidos e lá fundou, em 1877, com Henry Olcott, a Sociedade Teosófica, uma doutrina filosófica que postula a comunhão de tudo no Universo. Publicou livros como *Ísis sem Véu* e *A Doutrina Secreta*. Apesar de ter sido acusada de fraude e charlatanismo, é uma referência nos estudos esotéricos, e sua obra *A Voz do Silêncio* é leitura obrigatória para que possamos atravessar a Sala da Ignorância, a Sala da Aprendizagem e a Sala da Sabedoria (BLAVATSKY, 2021).

3.5 IEMANJÁ

As matrizes africanas iorubás possuem diversas orixás femininas, todas belas e dignas de reverência, mas Iemanjá é a minha favorita. Iemanjá é a grande mãe dos orixás na tradição nigeriana. Junto a Oxalá, criou o mundo. Suas cores são o branco e o azul, e sua saudação é *Ô doyá*! Rainha dos mares e dos oceanos, representa toda energia de amorosidade e acolhimento, sendo também associada à fertilidade e à fecundidade. Iemanjá é, certamente, a orixá mais reverenciada no Brasil, com grandes festejos no dia 2 de fevereiro, quando também se comemora o dia de Nossa Senhora dos Navegantes.

3.6 JACY

Na tradição dos povos Tupi-Guarani (o maior grupo de nações originárias da América do Sul), Jaci é a deusa Lua. Segundo o mito que Cristina Balieiro (2020, p. 65-70) nos traz, conta a lenda que Tupã, o grande criador, fez surgir Jacy para não deixar o mundo nas trevas, já que Guaracy, o deus Sol, precisou descansar do eterno ofício de iluminar a Terra. Ao acordar e ver a beleza de Jacy, o deus Sol se apaixonou pela guardiã da noite e foi preciso que Tupã criasse Rudá, o deus do Amor, para que Guaracy e Jacy pudessem se encontrar em alguns momentos.

Jacy tem muitos atributos, dentre os quais o dom de proteger os amantes, de despertar a saudade em guerreiros e caçadores para que voltem às suas companheiras e de presidir os vegetais, sendo assim a mãe de todos os frutos. Ainda segundo a lenda, Jacy possui em seu culto uma irmandade de mulheres guerreiras e independentes, as Icamiabás, que reverenciam a deusa no Jacy-Uruá, um lago próximo do rio Jamundá, conhecido como Espelho da Lua.

3.7 KALI

Kali é a ambígua deusa indiana mais antiga e mais popular entre os hindus. Seu nome, do sânscrito *kala*, que significa "Tempo", por si só já simboliza o poder de renovação e destruição dessa deusa. Embora tenha muitas descrições, a mais recorrente representa-a como uma deusa de pele negra e com quatro braços, o que simboliza as energias de criação, preservação, destruição e salvação. Kali evoca a sabedoria que vem com o tempo por meio de ganhos, mas também de perdas, garantindo, assim, o equilíbrio. Com efeito, assim como a deusa Kali, todos nós somos ambivalentes (e mesmo contraditórios, muitas vezes).

3.8 MARIA DA CONCEIÇÃO

Essa foi uma das mulheres acusadas de bruxaria e queimadas em fogueiras brasileiras. Como afirmei antes, a caça às bruxas, com seu misto de intolerância religiosa e (falso) puritanismo, chegou às colônias.

Assim, o simples fato de conhecer e manusear ervas medicinais, bem como o desentendimento com o padre de sua paróquia, foi o suficiente para que Maria da Conceição, uma devota católica que vivia em São Paulo no século XVIII, fosse acusada de bruxaria, morrendo queimada na fogueira em praça pública no ano de 1798. Não esqueçamos.

3.9 MARIE-ANNE LENORMAND

Mais conhecida como *Mademoiselle* Lenormand, foi uma renomada vidente e cartomante francesa da época de

Napoleão Bonaparte, considerada ainda hoje a maior de todos os tempos. Nasceu, viveu e morreu na França (1772-1843). Na condição de órfã desde muito nova, passou por internatos e logo cedo desenvolveu sua mediunidade. Josephine de Beauharnais, a esposa de Napoleão, foi sua cliente, o que contribuiu para alastrar sua fama. Publicou alguns títulos sobre ocultismo, incluindo uma autobiografia. Sua fama é tanta que o empresário alemão Johann Kaspar Hechtel criou um jogo de baralho com seu nome, muito popular ainda hoje.

3.10 OBÁ

Salve Obá! Obá Siré! Com essa saudação, reverenciamos a orixá Obá, a grande guerreira na tradição iorubá afro-brasileira. Ligada às águas turbulentas e de temperamento tempestuoso, é a Senhora do Elekô, uma sociedade secreta formada exclusivamente por mulheres, guerreiras e feiticeiras. Em muitos cultos do Candomblé, é representada como uma caçadora.

Como sugere Cristina Balieiro (2020, p. 100-104), a grande lição que essa orixá pode nos ensinar é a de evocar nossa guerreira interna, sobretudo, para termos força de nos livrarmos de relacionamentos abusivos e tóxicos.

3.11 PAMELA SMITH

Pamela Colman Smith nasceu e morreu na Inglaterra na transição do século XIX para o XX (1878-1951). Logo cedo na vida, passa um tempo na Jamaica e nos Estados Unidos (onde começa a estudar artes) até se mudar para Londres com o pai após a morte da mãe aos 21 anos de idade. Junta-se ao grupo teatral Lyceum Theatre, no qual lida com figurinos e cenários.

Em seguida, passa a trabalhar como ilustradora de várias obras e revistas até criar sua própria revista, a *Green Sheaf*, assinando a editoria, as ilustrações e, também, alguns poemas. Publica 13 edições dessa revista, entre 1903 e 1904, e é nessa época que se envolve com a *Ordem Hermética da Aurora Dourada*, uma organização ocultista bastante notória.

É como participante dessa Ordem que recebe a incumbência de ilustrar o tarô organizado pelo poeta e ocultista Arthur Waite, lançado em 1909. Embora esse tarô logo tenha tido grande sucesso, por muito tempo nenhum crédito foi dado à artista das ilustrações (o tarô recebeu o nome de Rider-Waite). Esse, dentre tantos apagamentos de Pamela da História, tem sido reconhecido e uma nova designação surgiu como Tarô Rider-Waite-Smith.

3.12 SANTA SARA KALI

Sara La Kali, que significa em romanês "Sara, a negra", representa a padroeira do povo cigano. Foi canonizada como Santa pela Igreja Católica no século XVIII. Também é associada às mulheres grávidas e às pessoas exiladas em geral. Segundo uma das muitas histórias que contam sua procedência, ela era de origem egípcia e foi enviada como escrava para a Palestina, pertencendo a José de Arimateia. Ambos tiveram que fugir da perseguição romana aos cristãos, com Maria (mãe de Jesus), Maria Jacobina (irmã de Maria) e Maria Salomé (mãe de Tiago e João, os apóstolos). Na fuga, eles teriam se confrontado com um grande temporal, escapando graças a Sara, que guiou o grupo lendo as estrelas no céu.

No entanto, em outra narrativa, mais difundida entre os povos ciganos, Sara vivia no sul da França com seu clã quando um dia viu chegar uma embarcação com as três Marias. Foi desse encontro que desenvolveu seus saberes de sacerdotisa dos elementos Terra, Fogo, Água e Ar, usando a partir daí um xale preto (daí a origem do seu nome). Seu dia é comemorado em 24 de maio, em alegres festejos que incluem danças e oferendas de vinho, pão e frutas.

Suas cores são dourado, vermelho, branco e laranja, e sua saudação de devoção é *optchá* ou *alê arriba!*

3.13 STARHAWK

A principal difusora do neopaganismo e do eco feminismo, Mirian Simos (Estados Unidos, 1951), que adotaria depois o pseudônimo Starhawk, fundiu saberes da Wicca gardneriana com as práticas militantes de Z Budapest (a criadora de uma tendência conhecida como Bruxaria Diânica, que preconiza o "monoteísmo da Deusa"). Escritora e ativista feminista, Starhawk é fundadora da *Reclaiming*, uma comunidade que tem como pautas de ação a luta ambientalista e antinuclear. Mas ela é conhecida mesmo como autora de uma obra fundamental para qualquer pessoa adepta da bruxaria moderna: *The Spiral Dance*, de 1979, lançado no Brasil com o título *A Dança Cósmica das Feiticeiras* (2021).

***

Muitas outras figuras femininas poderiam ser elencadas, com as quais eu tenho algum sentimento de identificação ou nutro especial admiração: Doreen Valiente, a "avó da bruxaria moderna", ou Ishtar, a deusa mesopotâmica do amor e da guerra; Tituba, a nativa de origem caribenha escravizada e acusada de bruxaria em Salem, ou Brigit, a deusa celta tríplice, protetora da cura e da poesia... Como assinalei antes, a lista seria extensa, por isso finalizo minha seleção aqui.

Mas e quanto a você? Qual é sua lista de deusas e bruxas que mais fazem sua cabeça e tocam seu coração? Com quais mulheres, divinas ou reais, você diria que tem algo a aprender? Não precisa ser uma personalidade famosa ou uma deidade tradicional. Lembre-se sempre: aquela avozinha que sabe preparar um santo chá ou conhece um benzimento certeiro tem muito a ensinar.

O que importa mesmo é que a magia natural que desenvolvemos pode se embasar nessas múltiplas expressões femininas (muitas vezes antagônicas), pois tudo remete a um só elemento: a Natureza. Mais uma vez, faço uso das palavras de Cristina Balieiro (2020, p. 15) sobre nossa Mãe Terra: "tudo e todos nascem dela e nela irão ao morrer; é dela que tudo vem e é para ela que tudo volta".

Como bem nos lembra Claudiney Prieto (2017, p. 11), "a Terra é o corpo da Deusa". Por isso, a magia natural reverencia a Mãe Terra, a própria Natureza, como energia suprema a comandar todas as ações, interações e transformações. É em função dessa energia suprema, com sua força de caráter ctônico e telúrico, que eu não poderia deixar de tratar da relação entre magia e alguns recantos, tema do próximo capítulo.

4. Recantos Mágicos

Em todos os continentes, nos dois hemisférios do nosso lindo planeta azul, pode-se dizer que há um lugar mágico. Isso parece evidente, a princípio, quando pensamos na quantidade de religiões que existem no mundo: são milhões de adeptos do Cristianismo, Islamismo, Judaísmo, Budismo, Taoismo e tantas outras expressões religiosas que têm seus santuários de devoção e reverência, lugares sagrados onde se pode estabelecer uma ligação com o Divino. Mas, neste capítulo, não me refiro especificamente a templos de adoração religiosa ao mencionar lugares mágicos.

Tenho certeza de que você que está lendo este livro já ouviu falar sobre, ou mesmo conhece, lugares cheios de mistério, em diferentes aspectos... São Tomé das Letras ou Gunung Padang, por exemplo. Esses são apenas dois simples casos em que, apesar de toda a disparidade entre si (distância, história, etc.), há em comum o fato de terem uma aura mística, uma tradição que eu livremente chamo de recantos mágicos.

Mas, afinal, o que seria um recanto mágico?

Pensemos em energias... Sabe aquela sensação que não se sabe explicar exatamente aquilo que apenas se sente, de maneira totalmente sensorial e intuitiva, aquilo que sentimos no corpo, na mente, na alma? Energias...

Evidentemente, algumas pessoas são ou estão mais susceptíveis a sentir tais energias do que outras, consideradas, desse modo, pessoas "empatas"... E assim como podemos pensar em energias benéficas, podemos pensar também em energias obscuras.

Lembro, por exemplo, de uma situação que vivenciei certa vez. Uma amiga e eu, nos ardores impulsivos da juventude, viajamos para um estado vizinho, aonde íamos atrás de uma "paixonite" que acabáramos de conhecer e sobre quem não sabíamos de nada. Chegamos ao local onde soubéramos que ele possivelmente estaria: era uma casa em construção "ocupada" por alguns viajantes e andarilhos. Ao pisar no primeiro degrau da escada que dava acesso à entrada, minha vista imediatamente escureceu e tive uma sensação muito desagradável, uma vertigem de quem está prestes a desmaiar. E antes que você questione, respondo: eu estava bem alimentada e não tinha consumido nenhuma substância que alterasse meus sentidos... Deixamos nossas coisas (mochila e barraca de acampar) e fomos à praia. Ao voltar, descobrimos que havíamos sido roubadas (o que não é de se espantar); descobrimos também que ali era um local que funcionava como ponto de uso de drogas, um lugar onde alguém, inclusive, tinha sido esfaqueado outrora. Em suma: um local de energia bem sinistra.

É como dizia minha saudosa mãe: *quem não aprende por bem, aprende por mal.*

Alguns dos recantos da Terra guardam uma longa tradição de serem lugares de grande energia, locais considerados místicos e sagrados, em diferentes tendências religiosas (cristãos, hebraicos, mulçumanos, hindus, etc.). E não me refiro a lugares lendários como Atlântida ou Shambala,[21] por exemplo. Eu me refiro a locais comprovadamente existentes que, em diferentes culturas e civilizações (sumérios, egípcios, celtas, nórdicos, hindus, gregos, mesoamericanos, chineses, africanos e tantas outras) ilustram a relação da humanidade com as energias do Divino.

Antes de apresentar minha pequena lista de alguns desses recantos, dois rápidos lembretes: primeiramente, há inumeráveis locais, naturais ou construídos, em que muita energia pode ser manifestada, sem necessariamente constar como um dos habituais lugares de peregrinação religiosa nem figurar em livros de sítios históricos ou guias de atrações turísticas; os recantos mágicos também não estão restritos a essa minha listagem pessoal: cada pessoa pode construir sua própria relação mágica com um local específico, uma cachoeira, uma árvore, uma paisagem, e assim por diante.

Um segundo lembrete: evidentemente, alguns locais guardam uma história singular do que ali aconteceu antes, mas a energia de positividade ou negatividade está, acima de tudo, em cada um de nós, de como nos portamos e de como conduzimos nossas vidas e visitas a esses lugares.

Sem mais delongas, então, aí vai a minha relação de alguns recantos mágicos que acredito valer a pena conhecer e/ou revisitar (lembrando de, para isso, planejar com bastante cautela e prudência, bem como chegar lá com espírito aberto e respeitoso de descoberta):[22]

---

21. Dois lugares lendários célebres: a Atlântida, citada inclusive em alguns textos do filósofo Platão, seria um antigo continente, de uma civilização bem avançada, situado no Oceano Atlântico antes de afundar. Já Shambala, do sânscrito "lugar de paz", segundo os textos sagrados do Budismo tibetano, seria um lugar divino escondido entre as cordilheiras do Himalaia.
22. Relação feita principalmente com base na obra de Jennifer Westwood, *Lugares Misteriosos*, volume 1 (1995).

4.1 MACHU PICCHU (PERU)

Começo minha seleção particular de lugares mágicos pela antiga cidade que sempre me fascinou, desde muita nova. Localizada no Peru, perto da cidade de Cusco, é considerada uma das sete maravilhas do mundo moderno e atrai milhares de visitantes por causa de toda a sua aura de magia e mistério. Localizada a mais de 2 mil metros de altitude, provavelmente era uma cidade dedicada exclusivamente a rituais sagrados do Império Inca. Em 1911, um historiador americano chamado Hiram Bingham, viajando à procura de sítios arqueológicos, descobriu a cidade abandonada no século XV. O que mais impressiona nas ruínas de Machu Picchu são as construções feitas em blocos maciços de gigantescas pedras perfeitamente alinhados entre si. Sem falar no cenário deslumbrante que a circunda, formado por duas montanhas: Huayna Picchu (ou Wayna Picchu) e Machu Picchu, que em quíchua, língua indígena local, significam "Jovem" e "Velha Montanha", respectivamente. Um local não só considerado patrimônio da humanidade pela Unesco (Organização das Nações Unidas para a Educação, a Ciência e a Cultura), mas também para sentir, sem dúvida, a sintonia com Pacha Mama, a divindade Mãe de Tudo dos povos andinos.

4.2 CAMINHO DE SANTIAGO DE COMPOSTELA (ESPANHA)

Consiste em um conjunto de quatro grandes trilhas de peregrinação que convergem no grande Caminho, percorrido pelos devotos de São Tiago (filho de Zebedeu, primo e apóstolo de Cristo), a fim de venerar seus restos mortais, supostamente encontrados por um eremita chamado Pelágio no século IX. Durante o reinado de Afonso II, o local foi ganhando fama e a primeira peregrinação estrangeira aconteceu em 950, tendo prosseguimento até os dias de hoje. O ponto de culminância da peregrinação é a imponente Catedral de Santiago de Compostela (Espanha), lugar onde estariam enterrados os restos mortais de São Tiago. A Catedral é uma belíssima obra arquitetônica cuja construção se iniciou em 1074. E é no seu entorno que, todos os anos, no dia 25 de julho, comemora-se o Dia de São Tiago, um dos maiores festejos religiosos da Galícia. Os caminhos de Santiago de Compostela passam por países como Portugal, França e Espanha. Também considerados patrimônios da humanidade, esses caminhos são cheios de narrativas que misturam fatos históricos e lendas, mas também depoimentos de viajantes do mundo todo que, em busca de autoconhecimento, relatam belas visões ao longo de suas jornadas.

4.3 HARIDWAR (ÍNDIA)

A cidade indiana localizada à margem direita do rio Ganges também é considerada um local sagrado pelos adeptos do Hinduísmo. Várias cerimônias religiosas são realizadas em Haridwar, dentre elas o evento *Kumbh Mela*. Nessa cerimônia, que ocorre a cada 12 anos, os devotos realizam banhos ritualísticos nas margens do Ganges para lavar seus pecados, a fim de, assim, atingir a iluminação espiritual. Os peregrinos também recolhem jarros com água do rio para distribuir nos muitos santuários destinados ao deus Shiva.

4.4 MONTE KAILASH (TIBETE)

Localizada no Tibete, essa montanha é considerada sagrada para hindus, budistas, jainistas (antiga religião indiana) e bönpos (antiga religião tibetana). Sua importância já se demarca por ser o ponto onde nascem os maiores rios asiáticos: Ganges, Bramaputra, Indo e Sutlej. Essa montanha tem cerca de 6.700 metros de altura e integra a grandiosa cordilheira do Himalaia. Anualmente, peregrinações em volta do monte (em sentido horário e anti-horário, conforme a filiação religiosa) percorrem 52 km de extensão para atrair boa sorte. Enquanto budistas consideram o monte o ponto exato de centro do Universo, hinduístas acreditam que ali é a morada do deus Shiva.

4.5 CATEDRAL DE CHARTRES (FRANÇA)

Localizada na cidade de Chartres, no sudoeste da França, essa catedral gótica é cercada de mistério. Antes de sua construção (na verdade, foram seis edificações ao longo do tempo), o local já era envolto por uma aura mágica: havia anteriormente uma colina com um grande dólmen (duas pedras aprumadas que suportavam outra, formando uma espécie de passagem) e um poço, ambos venerados por druidas celtas como lugar sagrado. Quando os primeiros cristãos ali chegaram, no século III, nomearam o local de "Gruta dos Druidas", onde encontraram a imagem de uma mulher com um menino esculpida em um tronco de pereira. Não se sabe nada a respeito de quem construiu a grande catedral, datada entre os séculos XII e XIII, sem nenhuma informação sobre seus arquitetos e construtores, mas tanto suas formas como seus vitrais indicam a reverência à Mãe Divina. Outra curiosidade que aumenta o rol de pequenos mistérios: no seu interior, há uma enorme laje retangular no chão, destacando-se das demais do piso. Ao meio-dia, no solstício de verão, um raio de sol atravessa o vitral com a imagem de São Apolinário e incide diretamente sobre um entalhe único presente nessa laje.

4.6 STONEHENGE (GRÃ-BRETANHA)

Localizado no sul da Inglaterra, é o mais famoso sítio megalítico. Com origem estimada em 3.500 a.C., trata-se de círculos de pedras gigantescas, blocos de monólitos que chegam a mais de 20 toneladas. Essas formações circulares (os antigos saxões as chamavam de Hanging Stones, isto é, "pedras suspensas") são consideradas um observatório astronômico pré-histórico, já que o alinhamento de suas pedras corresponderia aos movimentos do Sol e da Lua nos solstícios. Por muito tempo, o lugar foi palco de festivais que congregavam druidas e bruxos modernos, até que em 1985 o acesso ao local ficou mais restrito por uma questão de preservação.

4.7 NEWGRANGE (IRLANDA)

Outro sítio megalítico pré-histórico que remonta a 3.250 anos antes da era cristã. Localizado na Irlanda, consiste numa grande colina circular com aproximadamente 9 metros de altura e 76 metros de diâmetro, com a borda e o interior repletos de grandes blocos de pedra. Essas pedras possuem belas figuras inscritas em baixo-relevo na forma de espirais e losangos, considerados possíveis registros de observações astronômicas. Muitas dessas espirais, alinhadas em três, representam o símbolo celta de migração e variação (tudo nasce, morre e renasce). A entrada da colina, considerada um cemitério pré-histórico, apresenta-se como um pequeno e estreito corredor onde a luz do Sol incide ao nascer no dia de solstício de inverno.

Enfim, como afirmei antes, esses são apenas alguns poucos exemplos que ilustram como, antes e agora, nós, humanos, vivemos nossas vidas por meio de um vínculo mágico com nosso entorno físico e geográfico. Uma relação mágica com a Terra. Como afirma Isha Lerner no livro *O Tarô da Deusa Tríplice*, "precisamos visitar os lugares sagrados do planeta e permitir que sejamos introduzidos no corpo da Deusa, em seu coração/útero" (LERNER, 2021, p. 60).

Diante disso, embora toda a Terra seja sagrada (aliás, há até um dia internacional para celebrar nosso planeta, dia 22 de abril), é preciso pensar que o local em que vamos realizar nossos ritos mágicos (nossa casa, nosso altar e/ou qualquer ambiente onde possamos estar à vontade para isso) precisa ser consagrado como um lugar mágico. Além de rituais de limpeza energética e purificação (sobre o que vou tratar no capítulo seguinte, com algumas dicas práticas) a serem feitos regularmente, precisamos também vivenciar nesse local particular uma relação de respeito e reverência, onde podemos nos conectar conosco mesmo e com as instâncias espirituais superiores.

Além da relação com nosso ambiente mágico, esse elo também se manifesta de outras maneiras. É sobre isso que tratarei no próximo capítulo.

5. Em Busca do Conhecimento Mágico

5.1 O QUE É MAGIA?

Bruxaria, feitiçaria, magia... Neste livro, não vou me deter em exaustivas distinções, pois acredito que tudo trata de um mesmo viés: o lado espiritual e mágico da vida. E, embora esta pergunta possa parecer já "manjada", ainda assim ela insiste em se manter: afinal, o que é mesmo *magia*?

A magia está em tudo!

É possível pensar que a magia é um modo de perceber e compreender a realidade para além das lentes que não as da racionalidade e da lógica científica. Como afirmam os autores Jeffrey B. Russel e Brooks Alexander em *História da Bruxaria*, "há muitos caminhos para a realidade. Não é necessário pensar na magia como uma abordagem inferior à da ciência" (RUSSEL; ALEXANDER, 2019, p. 19).

Outra definição que aprecio é a de Scott Cunningham: "a magia é o uso das forças inerentes da natureza para provocar mudanças necessárias" (CUNNINGHAM, 2021, p. 25). E para essa manipulação de forças e energias não é preciso fazer necessariamente parte de um grupo, clã ou escola para se praticar a magia. Como bem ressaltou Raymond Buckland, o divulgador da Wicca nos Estados Unidos a partir de 1962, "muito antes de existirem *covens* ou grupos, já existiam muitos praticantes solitários" (BUCKLAND, 2019, p. 503).

A partir dessa compreensão, algumas máximas se mostram fundamentais para toda e qualquer pessoa que queira se assumir como aprendiz de bruxaria, independentemente de qual linhagem possa seguir, participando de um grupo ou praticando solitariamente:

1). Respeito Profundo pela Natureza e pelo Ser Humano:

Trata-se de uma verdadeira atitude revolucionária nestes tempos atuais, marcados por um cenário desolador em que temos, por exemplo, o armamento desenfreado, a degradação de biomas e ecossistemas, bem como a proliferação intensa e histérica de discursos e práticas de ódio. Ser gentil e praticar a gentileza com a Natureza e com o próximo é um constante exercício de disciplina e desprendimento, que começa em atitudes simples do nosso cotidiano.

2). Atenção e Dedicação aos Ciclos da Natureza:

Vivenciar a experiência da magia natural supõe perceber-se integrado ao Todo, para o que há de se considerar o movimento do Sol, da Lua e dos demais astros, e como esse movimento influencia vários aspectos da nossa vida (plantio e colheitas, humores e energias, etc.). Permitir-se perceber que tudo no Universo é movimento (nosso planeta Terra, por exemplo, move-se a mais de 107 mil km/h) ajuda-nos a compreender nossos próprios e particulares ciclos.

3). Correspondência entre Intenção e Ingredientes Mágicos:

Como veremos, cada prática mágica implica uma correspondência, ou seja, uma série de relações entre várias peças (intenções desejadas, dias da semana, elementos a serem evocados, ingredientes a serem utilizados, etc.). A intenção é ponto de partida, elemento a partir do qual podemos evocar a canção de Gilberto Gil: "andar com fé eu vou, que a fé não costuma falhar".

4). Estudar e Praticar Sempre:

A relação de reciprocidade contínua e constante entre teoria e prática também se aplica à bruxaria. Portanto, enquanto você lê este livro (ou qualquer outro sobre magia natural), não se acanhe, usufrua de seu privilégio e vá exercitando, sem medo de errar.

5). Acreditar!

O filósofo Nietzsche tem um aforisma do qual gosto de me apropriar e aplicar ao poder da fé e da perseverança, o qual diz mais ou menos assim: se você olha para o abismo, o abismo olha de volta para você. Do mesmo jeito é com o Universo: se você conversa com ele, ele conversa de volta com você.

Sumariamente falando, pensar em magia supõe a articulação entre uma *intenção* (o objetivo que se espera realizar, a ideia ou desejo que se espera concretizar) e um *ofício* (uma atividade, um trabalho, o uso de uma técnica). Assim, considerar a bruxaria uma intenção aliada a um ofício implica fazer uso das mãos, da mente e da energia (podendo ou não aliar a isso outros ingredientes). Nesse sentido, algumas distinções podem auxiliar:

- Feitiço: ação feita (do latim *factum*, isto é, "está feito"), visando a uma interferência efetiva e concreta.
- Encantamento: palavras faladas, cantadas ou declamadas que têm ação mágica.
- Conjuro: o ato de chamar alguma entidade, elemental ou espírito no ritual mágico.
- Oferenda: um presente ou oferta para alguma divindade ou espírito como forma de pedido ou agradecimento.

Os rituais em que são realizadas nossas magias não precisam ser necessariamente complexos e complicados. Mas, claro, dá para fazer uso de artefatos e ingredientes em rituais mais elaborados. O mais importante, de qualquer forma, é evocar a força da Natureza, com as estações do ano, com as fases lunares, com os dias da semana e com os elementos básicos da Natureza.

O fogo, o ar, a terra e a água são os elementos fundantes da Natureza que, aliados ao nosso espírito (éter), estão em nós e em todo o mundo ao redor. A Astrologia,[23] por exemplo, classifica os signos do zodíaco de acordo com os elementos:

- Signos de *ar*: Gêmeos, Libra e Aquário;
  Palavras-chave do elemento ar: cooperação, inteligência, comunicação.

---

23. A Astrologia, que nasceu juntamente à Astronomia, remonta há pelo menos 4 mil anos atrás e tem seus primeiros registros nas tábuas de argila dos antigos babilônicos. Em linhas gerais, trata-se do estudo do movimento dos astros em relação ao zodíaco, a linha imaginária composta por 12 constelações. Existem inúmeras obras referentes à astrologia, dentre as quais recomendo *O Livro Completo da Astrologia*, de Kris Brandt Riske (2010), bem como o de Claudia Lisboa: *Os Astros Sempre nos Acompanham* (2013).

5. Em Busca do Conhecimento Mágico

- Signos de *fogo*: Áries, Leão e Sagitário; Palavras-chave do elemento fogo: vitalidade, ação, liderança.

- Signos de *terra*: Touro, Virgem e Capricórnio; Palavras-chave do elemento terra: estabilidade, materialidade, segurança.

- Signos de *água*: Câncer, Escorpião e Peixes; Palavras-chave do elemento água: sensibilidade, intuição, contemplação.

Os elementos da Natureza são, portanto, objeto de respeito e reverência, eles que vão embasar os rituais mágicos. Aliás, é interessante manter no lar pequenos santuários para cada um dos elementos. Na magia cerimonial, é possível atrelar os elementos de acordo com as quatro direções, usando algumas dessas sugestões de símbolos.

Vejamos com mais detalhes cada um dos elementos fundamentais.

- **Terra**

"A Terra é Mãe! Tudo dá e tudo come!", dizia-me, janeiro de 1950, o pescador Chico-Preto (Francisco Ildefonso, 1894-1966), na praia de Areia Preta, arredores de Natal. Analfabeto, não poderia adivinhar a referência de J. Leite de Vasconcelos (Tradições Populares de Portugal, 192, Porto, 1882) em que Deus diz à terra: "Tudo criarás e tudo comerás!" Não seria observação pessoal de Chico-Preto, mas comunicação no Brasil, praieiro e nordestino, do que se dizia nas Beiras portuguesas. A transmissão é uma concordância psicológica. A imagem de a Terra dar frutos, permitir plantios, manter a multidão animal e vegetal, guardar as águas do Mar, dos rios e dos lagos, oferecer o plano sólido para o exercício vital, receber os corpos nas sepulturas, sugere a noção de Unidade indispensável, o sustentáculo, o solo para a persistência e continuidades humanas. "Faltar Terra nos pés!" expressa o desequilíbrio, falência, final da presença física (CÂMARA CASCUDO, 1971, p. 119).

A terra é o elemento que representa estabilidade e abundância. Assim, os feitiços associados a esse elemento são ligados a todas as formas de riqueza e fertilidade (emprego, negócios, trabalho e tudo associado à prosperidade). Seu ponto cardeal é o Norte e sua cor é o verde ou marrom.

No altar, esse elemento pode ser representado por jarros de plantas, cristais ou, ainda, segundo uma inspiração Wiccana, pelo símbolo do pentagrama (estrela de cinco pontas).

- **Ar**

O ar é o ambiente respirável e o que se irradia de nós. É o mais sutil, poderoso, inexplicável dos quatro Elementos. Ter bom ou mau Ar. Agradável ou repelente [...] Potências do Ar são forças autônomas, auxiliares ou adversárias do Homem (CÂMARA CASCUDO, 1971, p. 131-132).

É o elemento ligado às relações sociais, ao intelecto e às faculdades psíquicas. Rege, portanto, feitiços associados a estudos e instrução, ao conhecimento e à intelectualidade, além de viagens e mudanças, racionalidade e sabedoria. Seu ponto cardeal é o Leste e sua cor é amarelo.

No altar, alguns símbolos utilizados são: incensos, penas, atames e sinos.

- **Fogo**

   [...] em serviço do Homem, aquecendo, iluminando, preparando alimentos, defendendo, criando a estabilidade da família. Ao seu redor, o grupo humano os atravessou milênios (CÂMARA CASCUDO, 1971, p. 137).

O fogo é o elemento principal de uma casa. Nos lares antigos, as famílias se reuniam em torno dele. É o elemento da transformação. Seus usos mágicos estão voltados para saúde e cura, destruir para transmutar, purificação e evolução. Seu ponto cardeal é o Sul e sua cor é vermelho ou laranja.

No altar, ele pode ser representado por símbolos como velas e imagens de labaredas ou de salamandras.

- **Água**

   O respeito pelas Águas é porque guardam mais Vidas, Entidades, Seres, do que na Terra e no Ar. Nasceram antes na Terra e geraram os primeiros organismos (CÂMARA CASCUDO, 1971, p. 126).

Relacionada aos nossos fluxos de emoções, a Água se filia a magias que envolvam sentimentos e afetos, amizade, casamento, prazer e felicidade.

Seu ponto cardeal é o Oeste e sua cor é azul.

No altar, seus símbolos são o cálice, o caldeirão ou simplesmente um copo d'água.

Elemento da Natureza	Energia Associada	Intenções Desejadas	Ingredientes e Símbolos	Cor/ Direção
Terra	Estabilidade	Finanças, abundância, prosperidade	Maçã, mel, moedas, pentagrama	Marrom e verde
			Pedras, cristais, plantas	Norte
Fogo	Transformação	Saúde, cura, bem-estar físico e mental, novos inícios	Bebidas quentes (leite, chá, café)	Vermelho e laranja
			Sol, fogueiras, velas	Sul
Água	Flexibilidade	Sentimentos e emoções	Leite com mel, flores, perfumes, taças e caldeirão	Azul
			Rios, mares, lagos, cachoeiras	Oeste
Ar	Racionalidade	Intelecto e consciência	Incensos, brinquedos musicais	Amarelo
			Ventos, brisas, tempestades	Leste

Qualquer um pode sentir no próprio íntimo a força de cada um desses elementos: ao sentar-se em frente a uma fogueira, tomar um banho revigorante, caminhar descalço tocando a terra, meditar sentindo a brisa... Esses são apenas alguns exemplos de conexão com os elementos da Natureza.

É indicado, então, realizar os rituais seguindo as características ligadas a cada elemento, de acordo com as intenções projetadas.

Neste capítulo, como forma de um mapeamento geral e introdutório, vamos ver alguns saberes básicos e algumas noções fundamentais para toda(o) e qualquer aprendiz de bruxaria. Vamos lá?

5.2 A RODA DO ANO E OS CICLOS SOLARES

A Natureza é uma Grande Mãe. Não à toa, os cultos religiosos mais antigos eram matriarcais,[24] como assinalei anteriormente. E sabemos que ela pode ser muitas vezes uma mãe bem "durona": a Terra treme com grandes terremotos e abalos sísmicos; a Terra chora com inundações de *tsunamis* e grandes chuvas; a Terra arde em temperaturas altíssimas; a Terra sopra com furacões e ventos incontroláveis. É preciso aceitar sua condição implacável e ambivalente de nutridora e destruidora. Assim, ela nos tira, mas também nos dá tudo de que precisamos para viver e para viver bem. E ela está em nós: na água que corre em nossos fluidos, no ar que inspiramos e exalamos, nos impulsos e nas reações elétricas em nosso cérebro, na poeira de estrelas que se encontra em nossos ossos e átomos...

---

24. Para quem deseja se aprofundar nesse tema, sugiro, dentre tantos outros títulos, os livros de Mirella Faur, Cristina Balieiro e Claudiney Prieto citados na bibliografia consultada ao final deste livro.

Estar consciente disso, de que somos parte integrante da Natureza – e de que não precisamos agir como um agente predador que apenas quer arruinar e lucrar com suas riquezas naturais –, é um primeiro passo para reverenciá-la, percebendo-se conectado ao Todo.

A partir dessa compreensão e com dedicação, a bruxaria vai se desenvolver muito intuitivamente, mas outro passo também fundamental na aprendizagem é procurar, além de praticar, sempre estudar. Pode-se, por exemplo, buscar conhecer sobre como outras culturas ancestrais reverenciaram a Natureza e lidaram com seu aspecto mágico. Civilizações antigas, como sumérias, babilônicas, egípcias, celtas, gregas, astecas, africanas e tantas outras, atribuíam às suas divindades diferentes manifestações relacionadas aos quatro elementos, às estações do ano e aos ciclos lunares.

O conceito de Roda do Ano seguia a tradição dos antigos povos celtas que, entre os anos de 600 antes da era cristã e 600 depois da era cristã, habitavam a Europa central e reverenciavam diversas divindades ligadas às estações do ano. Em síntese, a Roda do Ano é o calendário anual pautado nos eventos astronômicos conhecidos como *solstícios* (dias que marcam maior ou menor distância do Sol em relação à inclinação da Terra) e *equinócios* (dias em que o Sol incide diretamente na Linha do Equador, e a duração dos dias e das noites é igual). Cada hemisfério (Norte e Sul) vive, pois, a estação oposta: verão e inverno, primavera e outono.

As comemorações para celebrar e festejar o movimento do Sol e das estações da Natureza são chamadas de *sabbats* ou, simplesmente, *sabás*. São ativamente festejadas pelos praticantes da Wicca, que utilizam a mesma nomenclatura dos celtas e a mesma divisão.

5. Em Busca do Conhecimento Mágico 63

Há os *Festivais da Roda do Fogo*, conhecidos como Grandes Sabás (ou celebrações do céu), e os *Sabás Menores*, ou celebrações da terra, que marcam as transições do Sol em relação à Terra (os solstícios e os equinócios).

Cada sabá representa um momento na vida do Deus Sol e da Deusa Terra, como assinala Ly de Angeles na icônica obra *Bruxaria, Teoria e Prática*:

> Ambos Deusa e Deus são representantes dos oito Sabbats da Roda, mas assim como o dia segue a noite e tão claro quanto a noite é contida no dia (e vice-versa), uma face desta força dual se manifestará mais que a outra, seja nos Festivais do Fogo, seja nos Sabbats do Sol e da Terra (ANGELES, 2002, p. 68).

Temos, então, o seguinte movimento circular a cada ano:

- *Samhain*: também conhecido como *Halloween* ou Dia das Bruxas, marcando um novo ano. É a transição entre o outono e o inverno. Simboliza a Festa dos Mortos, com o encerramento de ciclos, as mudanças, a ancestralidade e o mundo espiritual. Representa a morte do deus Sol.

Hemisfério Norte: 31 de outubro.
Hemisfério Sul: 1º de maio.

- *Yule*: solstício de inverno (a noite mais longa do ano). Simboliza recomeços e renascimentos, descanso, o movimento da sombra para a luz. O Deus Sol retorna.

Hemisfério Norte: entre 21 e 23 de dezembro.
Hemisfério Sul: entre 20 e 23 de junho.

- *Imbolc*: dia em que, na tradição celta, celebra-se a deusa Brigit, senhora do fogo criador, da arte e da magia. É a transição entre o inverno e a primavera. Simboliza limpeza e purificação. O Deus ainda é uma criança.

Hemisfério Norte: entre 1º e 2 de fevereiro.
Hemisfério Sul: entre 1º e 2 de agosto.

- *Ostara*: equinócio de primavera. Simboliza crescimento, fertilidade, equilíbrio. A Deusa se encontra na sua face donzela e o Deus Sol entra na maturidade.

Hemisfério Norte: entre 20 e 23 de março.
Hemisfério Sul: entre 20 e 23 de setembro.

- *Beltane*: também conhecido como Dia de Maio (na Roda Norte). É a transição entre a primavera e o verão. Simboliza fertilidade, criação, crescimento, abundância. Representa o encontro entre a Deusa e o Deus.

Hemisfério Norte: 1º de maio.
Hemisfério Sul: 31 de outubro.

- *Litha*: solstício de verão (o dia mais longo do ano). Simboliza o poder do fogo e do calor, a abundância e a plenitude. A Deusa está grávida.

Hemisfério Norte: entre 20 e 23 de junho.
Hemisfério Sul: entre 20 e 23 de dezembro.

- *Lammas*: dia que celebra a primeira colheita do ano. É a transição entre o verão e o outono. Simboliza a primeira colheita, com sacrifício e gratidão.

Hemisfério Norte: 1º de agosto.
Hemisfério Sul: 2 de fevereiro.

- *Mabon*: equinócio de outono – março. Simboliza morte, escuridão e preparação. A morte de Deus e sua retirada do mundo.
Hemisfério Norte: entre 20 e 23 de setembro.
Hemisfério Sul: entre 20 e 23 de março.

O que mais importa em seguir a Roda do Ano é permitir-se conectar-se com os ciclos da natureza e seus eventos cósmicos. Essa conexão, evidentemente, pode ser feita em círculos e correntes de pessoas sintonizadas numa mesma energia, mas também pode ser vivenciada no íntimo de cada um; o que vale mesmo é se integrar ao Sagrado.

Assim, temos a seguinte representação para a Roda do Ano:

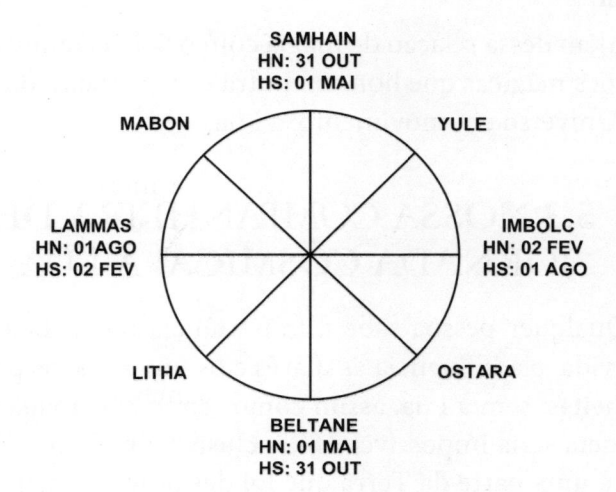

Figura 1. A Roda do Ano.

```
                    SAMHAIN
                    HN: 31 OUT
                    HS: 01 MAI
        MABON                       YULE

   LAMMAS                                IMBOLC
   HN: 01AGO                              HN: 02 FEV
   HS: 02 FEV                             HS: 01 AGO

        LITHA                        OSTARA
                    BELTANE
                    HN: 01 MAI
                    HS: 31 OUT
```

Representação do calendário de celebração dos sabás maiores e menores.

Mais do que compreender como os antigos comemoravam cada um desses eventos, o fundamental para qualquer iniciante é se conectar com as energias de cada estação do ano. Para isso, na montagem de um altar de celebração, é muito mais recomendável fazer uso de flores e frutos da estação em sua região do que seguir uma regra estática e desvinculada de nossas realidades. O importante, como já disse, é usufruir da energia de cada estação.

Primavera: energia do florescer e do desabrochar, da leveza e da simplicidade.

Verão: energia de abundância, vitalidade e elevação.

Outono: energia de colheita e de amadurecimento.

Inverno: energia de recolhimento, introspecção e força interior.

Além dessa relação da magia com o Sol, há também as celebrações mágicas que honram outra companheira de jornada neste Universo em movimento: a Lua.

5.3 NOSSA COMPANHEIRA DE JORNADA CÓSMICA: A LUA

Qualquer pessoa sabe a importância que a Lua tem na nossa vida: ela influencia as marés e os humores, os plantios e as colheitas; sem a Lua, assim como sem o Sol, a vida no nosso planeta seria impossível. Há, inclusive, uma teoria de que a Lua era uma parte da Terra que foi deslocada a partir de uma colisão cósmica há bilhões de anos. Ou seja: a Lua é um pedaço de nós!

Segundo Mirella Faur, o culto da Lua, universal, precede em milênios o culto ao Sol (FAUR, 2010, p. 258). Ainda de acordo com a autora,

> [...] mulheres que observam a trajetória lunar e a celebram com meditações, práticas ou rituais, descobrem uma nova força, maior harmonia e plenitude nas suas vidas, tanto no nível físico, emocional, mental, quanto no aumento de sua autoestima e no reconhecimento do seu valor, ancestral, inato, sagrado (FAUR, 2010, p. 258).

Com efeito, em vários povos da Antiguidade houve o culto a uma divindade lunar: Ártemis, na Grécia; Ishtar, na Mesopotâmia; Astarte, na Fenícia; Chang'e, na China; Kali, na Índia são alguns exemplos de como a humanidade tem com a Lua uma ligação sagrada. Para adeptos e adeptas do Sagrado Feminino, a Lua tem um significado ainda mais forte para as mulheres, já que nossos ciclos menstruais seguem um compasso paralelo ao ciclo das fases da Lua, refletindo, assim, nossas flutuações e variações corporais, emocionais e psíquicas. Não à toa, um dos símbolos mais presentes na bruxaria é o da *triluna*, as três Luas (Crescente, Cheia e Minguante) representando as três fases de vida da mulher: donzela, mãe e anciã. Sabe-se que o ciclo lunar, com uma média de 28 dias, é composto por quatro fases, mas o calendário lunar mensal se faz na verdade de oito fases.

A Lua, assim, está essencialmente ligada à fertilidade, aos atos de cuidar e de acolher. A cada mês, como diz Mirella Faur (2010), cada uma dessas oito fases pode ser simbolizada por uma deusa que expressa uma energia em particular.

Eis a correspondência:
LUA NOVA – Deusa Escura.
LUA EMERGENTE – Deusa do Mar.
LUA QUARTO CRESCENTE – Deusa da União.
LUA CRESCENTE GIBOSA – Deusa da Sabedoria.
LUA CHEIA – A Grande Mãe.
LUA MINGUANTE GIBOSA – Deusa da Natureza Selvagem.
LUA QUARTO MINGUANTE – Deusa Górgona.
LUA BALSÂMICA – Deusa da Compaixão.

Reconhecer nossa natureza cíclica expressa pela Lua nos ajuda a aprimorar qualidades, como percepção intuitiva, expressão verdadeira de emoções profundas, criatividade e inspiração.

Figura 2. Os Ciclos da Lua.

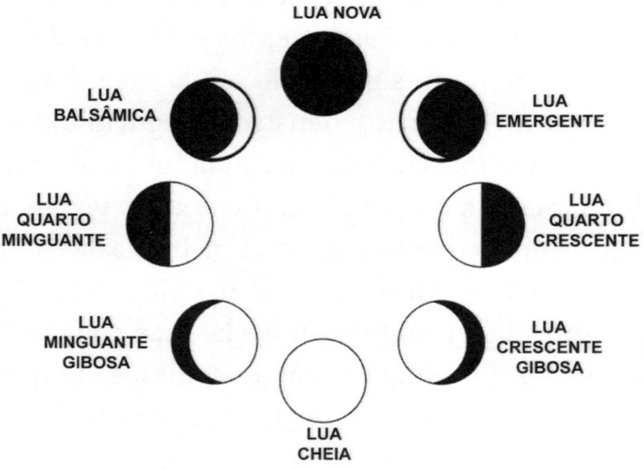

Representação do ciclo lunar completo.

Ainda conforme Mirella Faur, essa visão óctupla do ciclo lunar equivale aos sucessivos estágios pelos quais passam todas as formas de vida, num processo que começa com a energia da intenção inicial da semente germinando na escuridão (Lua Nova), passando pelo cume expresso na colheita (Lua Cheia), cuja conquista se condensa em outra semente a ser preparada para renascer (Lua Balsâmica).

Portanto, realizar os feitiços e os rituais mágicos, de acordo com a intenção e a fase lunar, agrega ainda mais força e poder aos ritos.

Eis, então, que para cada uma das principais fases, um tipo de energia está mais favorável para as práticas mágicas:[25]

LUA NOVA – Lua favorável às intenções de pausa, mudanças e novos começos e projetos.

Boa para: planejamentos e diários de intenções; faxinas nos ambientes do lar e do trabalho; banhos de limpeza energética; plantio de sementes de bulbos subterrâneos.

LUA EMERGENTE – Lua ideal para estabelecer um plano de passos visando a uma meta.

Boa para: visualizar o plano de intenções e ações, fazer mantras e afirmações positivas.

LUA QUARTO CRESCENTE – Lua favorável para desenvolver e expandir projetos em andamento.

Boa para: praticar todo tipo de trabalhos mágicos de crescimento e prosperidade.

LUA CRESCENTE GIBOSA – Lua indicada para rituais de crescimento (físico e pessoal).

Boa para: exercícios de meditação e práticas de autocuidado. Trabalhos mágicos de crescimento e prosperidade.

---

25. Fiz essa relação com base, sobretudo, em Lindsay Squire e seu livro *Bruxaria Verde* (2022).

LUA CHEIA – Lua que representa o auge do ciclo lunar, sendo favorável para qualquer ritual de abundância e/ou cura. É a Lua mais potente para todo tipo de intenção.

Boa para: preparo de água lunar; limpeza e energização de cristais; práticas oraculares; colheita de ervas; preparo de amuletos e patuás.

LUA MINGUANTE GIBOSA – Lua da intuição.

Boa para: práticas de meditação e adivinhação; rituais de limpeza e banimento.

LUA QUARTO MINGUANTE – Lua que contrai, diminui e esvazia.

Boa para: todo tipo de descanso e relaxamento; limpeza e reorganização de ambientes e objetos; cuidados pessoais.

LUA BALSÂMICA – Lua de recolhimento e reflexão.

Boa para: trabalhos mágicos de saúde e cura; introspecção e recolhimento; estimular sentimentos e realizar ações de gratidão pelo ciclo que passou.

As fases de Lua Cheia, plenas de energia, são festejadas em rituais neopagãos conhecidos como *esbás* e, como representam o ponto máximo de um ciclo, são ideais para qualquer tipo de ritual e feitiço. Para cada mês, a Lua Cheia recebe menções específicas em diferentes culturas, segundo relações com fenômenos da época aos quais estejam relacionadas. Por exemplo: no Hemisfério Norte, um dos nomes da Lua Cheia de maio é Lua da Flor, já que em maio tem início a estação da primavera, marcada pelo desabrochar das flores.[26]

A seguir, apresento a relação de alguns nomes das Luas Cheias no Hemisfério Sul.

---

26. Para mais detalhes sobre esse assunto, sugiro o site <www.starwalk.space.com>.

5. Em Busca do Conhecimento Mágico 71

MÊS	NOME DA LUA CHEIA
Janeiro	Lua do Feno, Lua do Corço, Lua do Trovão, Lua do Hidromel
Fevereiro	Lua dos Grãos, Lua da Cevada, Lua do Cachorro
Março	Lua da Colheita, Lua do Milho
Abril	Lua da Colheita, Lua do Caçador
Maio	Lua do Castor, Lua da Geada
Junho	Lua Gelada, Lua da Noite Longa
Julho	Lua do Lobo
Agosto	Lua da Tempestade
Setembro	Lua da Minhoca, Lua da Seiva
Outubro	Lua do Ovo, Lua do Peixe, Lua do Despertar
Novembro	Lua do Milho, Lua do Leite, Lua da Flor
Dezembro	Lua do Morango, Lua do Mel, Lua da Rosa

Mas, independentemente de como os povos nomeiam as Luas de cada mês, na Astrologia há outras designações sobre as quais é importante saber:

LUA FORA DE CURSO: também conhecida como Lua vazia. Diz respeito ao momento em que a Lua, saindo de um signo e prestes a entrar em outro, não figura nenhum aspecto com algum planeta. Segundo a Astrologia, isso gera um aspecto de imprevisibilidade, o que não favorece nenhum tipo de ritual mágico.

LUA ROSA: é a Lua Cheia que antecede qualquer um dos grandes sabás (*Lammas*, *Samhain*, *Imbolc* e *Beltane*). Também conhecida como Lua dos Desejos.

LUA NEGRA: refere-se aos três dias que antecedem, a cada mês, a Lua Nova. Lua ideal para feitiços de renovação.

LUA AZUL: é a segunda Lua Cheia em um mesmo mês. Ocorre a cada dois anos, o que propicia e potencializa ainda mais todo tipo de magia.

LUA VIOLETA: é a segunda Lua Nova em um mesmo mês. Lua propícia para a introspecção e a meditação.

LUA VERMELHA OU DE SANGUE: Lua Cheia em que ocorre um eclipse total, com o perfeito alinhamento entre Sol, Terra e Lua.

Segundo a simbologia da Astrologia, a Lua é o elemento ligado às emoções e aos sentimentos. Em nossos mapas e casas astrológicas, de acordo com o signo em que a Lua está no momento de nosso nascimento, sabemos como tendemos a nos comportar em relação a assuntos ligados a esses temas. A Lua está associada ao elemento água, e rege tanto o signo do zodíaco Câncer como também o dia de segunda-feira. Afinal, como será visto na próxima seção, cada dia também é mágico.

5.4 CADA DIA DA SEMANA TAMBÉM É MÁGICO

Além dos ciclos solares e lunares, podemos também lembrar que, como sugere a Astrologia, cada dia da semana é regido por um astro do nosso Sistema Solar.

Afinal, o Universo todo está em movimento! Acompanhando, então, a dinâmica do Cosmos, podemos pensar que um aspecto da nossa vida se relaciona particularmente com alguma regência astrológica:[27]

LUA – rege o signo de Câncer; no corpo, rege o estômago, o útero e os ovários; rege assuntos ligados mudanças e viagens,

---
27. Relação estabelecida com base no livro de Claudia Lisboa, *Os Astros Sempre nos Acompanham* (2013).

pesca e comércio, saúde e cura, cotidiano e assuntos domésticos.

Palavras-chave: sensibilidade, ancestralidade, introversão.

SOL – rege o signo de Leão; no corpo, rege o coração e o baço; rege assuntos ligados a todas as atividades associadas a assuntos profissionais, trabalho e emprego, bem como autoridades e publicidade em geral.

Palavras-chave: criatividade, vitalidade, reconhecimento.

MARTE – rege o signo de Áries; no corpo, rege testículos e músculos; rege temas relacionados a consultas médicas e operações cirúrgicas, bem como assuntos militares e negócios arriscados.

Palavras-chave: combate, competição, liderança.

MERCÚRIO – rege os signos de Gêmeos e Virgem; no corpo, rege os pulmões, braços e mãos e o sistema nervoso; rege assuntos ligados à comunicação em geral: contratos, papéis, estudos, literatura, etc.

Palavras-chave: linguagem, comunicação, intelecto.

JÚPITER – rege o signo de Sagitário; no corpo, rege a glândula suprarrenal, o fígado e o sistema sanguíneo; rege assuntos ligados a temas financeiros e jurídicos, bem como comércio, estudos superiores e longas viagens.

Palavras-chave: abundância, entusiasmo, alegria.

VÊNUS – rege os signos de Touro e Libra; no corpo, rege o útero, os ovários e o timo; rege assuntos ligados às expressões artísticas em geral (música, cinema, moda, teatro, etc.). Também temas associados a afetos, amor, amizade, casamento, tratamentos de beleza e relacionamentos sociais em geral.

Palavras-chave: arte, amor, beleza.

SATURNO – rege o signo de Capricórnio; no corpo, rege a vesícula biliar, o baço, os ossos e as articulações; rege assuntos ligados ao trabalho, aos estudos e aos negócios em geral.
Palavras-chave: disciplina, organização, sacrifício.

URANO — rege o signo de Aquário; no corpo, rege o sistema nervoso e motor e a glândula pituitária; rege assuntos ligados a mudanças bruscas e novos empreendimentos, além de tecnologia e Astrologia.
Palavras-chave: inovação, inventividade, liberdade.

NETUNO — rege o signo de Peixes; no corpo, rege o sistema linfático e a medula espinal, as secreções, o líquor e a glândula pineal; rege assuntos relacionados a questões psíquicas e místicas.
Palavras-chave: fantasia, intuição, psiquismo.

PLUTÃO — rege o signo de Escorpião; no corpo, rege os órgãos sexuais, o sistema reprodutor e o aparelho excretor; rege assuntos originais e pioneiros, relacionados a transformações radicais.
Palavras-chave: transmutação, regeneração, obscuridade.

Assim, cada um dos dias semanais está associado a uma regência específica que favorece um conjunto de temas em particular. Podemos planejar e realizar nossos rituais mágicos estabelecendo essa correspondência, a fim de agregar ainda mais força às nossas intenções, conforme sugere a tabela a seguir:[28]

---

28. Tabela formulada a partir das obras de D. J. Conway (ver na bibliografia consultada ao final deste livro).

5. Em Busca do Conhecimento Mágico

Domingo	Segunda-Feira	Terça-Feira	Quarta-Feira	Quinta-Feira	Sexta-Feira	Sábado
Sol	Lua	Marte	Mercúrio	Júpiter	Vênus	Saturno
Rituais de brilho pessoal, fama, fortuna, prosperidade e luz.	Rituais de intuições e vidências, sentimentos e mudanças.	Rituais de lutas e batalhas, conquistas e ousadias.	Rituais de intelecto, estudos e criatividade.	Rituais de assuntos financeiros, negócios, prosperidade, abundância e saúde.	Rituais de amores, afetos, sensualidade e sexualidade.	Rituais de assuntos de natureza durável.
COR: amarelo e dourado.	COR: azul-claro, cinza-claro, branco e prateado.	COR: vermelho.	COR: roxo, amarelo, laranja.	COR: azul-escuro, verde.	COR: verde, rosa-claro.	COR: roxo, violeta.

Há também quem considere que o horário e, consequentemente, a posição do Sol pode influenciar os feitiços e as práticas mágicas. Assim, para cada tipo de energia e feitiço, há uma ocasião no dia ideal para isso:[29]

NASCER DO SOL: rituais para novos começos e recomeços; cura, renovação e iniciativa; estudos e viagens.

DURANTE O DIA: rituais de expansão, liderança e autoconsciência.

---

29. Mais uma vez, sigo a proposta de Lindsay Squire em seu livro *Bruxaria Verde* (2022).

MEIO-DIA: rituais de poder material, sucesso e oportunidade; também de saúde e vitalidade.

PÔR DO SOL: rituais de encerramento e todas as formas de ruptura.

DURANTE A NOITE: rituais de autodesenvolvimento e autoconsciência.

MEIA-NOITE: rituais de banimento, cura e aprimoramento pessoal.

Podemos compreender, portanto, que cada uma de nossas práticas mágicas deve estar conectada na grande dança cósmica do Universo, considerando, então, a estação do ano, a fase lunar, o dia semanal e sua regência astrológica, bem como a posição do Sol no seu ciclo diário.

Nessa integração e imersão na Natureza, agregam-se ainda outros elementos, tema que vou abordar no próximo tópico.

5.5 O PODER DAS ERVAS, DOS CRISTAIS E DAS CORES

O reino vegetal e o reino mineral são de uma riqueza imensurável. Sua vastidão, diversidade e beleza não podem ser explicadas em toda a sua magnificência. Tanto que, cada vez mais, a medicina natural e as terapias alternativas e holísticas também se utilizam deles e propagam sua importância.

Por isso mesmo, seria muita pretensão da minha parte querer listar tudo o que a magia natural pode utilizar do mundo das plantas (ervas, raízes, flores, sementes, folhas, cascas e lascas de tronco) ou dos cristais (pedras em estado bruto ou rolado) em seus rituais e feitiços mágicos.

O que vem a seguir, portanto, é uma indicação básica de princípios e ingredientes.

Comecemos pelas plantas. Já sabemos de seu uso culinário[30] e terapêutico. Também saibamos, pois, que são inúmeras as possibilidades de usos mágicos das plantas ou da *fitoenergia* (GIMENES; CÂNDIDO, 2017). Como afirmam esses autores, "o emprego das plantas em processos de cura, usos magísticos, espirituais ou ritualísticos é especialmente eficiente porque normalmente utiliza a energia sutil contida na estrutura das plantas" (GIMENES; CÂNDIDO, 2017, p. 55). Assim, bruxa(o) que é bruxa(o) tem em casa um pequeno jardim (onde pode cultivar plantas e ervas frescas) e um pequeno depósito ou despensa (onde pode guardá-las secas e desidratadas). Antes, porém, lembremos dois importantes detalhes que bruxas(os) também sabem (ou precisam saber).

Primeiro: o sábio Paracelso[31] já dizia (e não custa lembrar) que a diferença entre o remédio e o veneno é apenas a dosagem. Portanto, muito cuidado e cautela com o que e quanto se vai consumir. Segundo: procure saber a procedência do que vai ser utilizado, adquirindo insumos e matéria-prima de onde se tem confiança. Pode ser tanto de um grande estabelecimento de produtos especializados, como também um raizeiro de feira, o importante é ser confiável.

A autora Tânia Gori, no seu livro *Herbologia Mágica* (2021), explica que cada parte da planta é regida pela energia de um elemento da natureza, o que pode auxiliar inicialmente na escolha de que usos fazer do vegetal. Assim, pode-se estabe-

---

30. A esse respeito, recomendo o livro de Amanda Celli, *Tempero da Bruxa: Desvendando os Mistérios da Culinária Mágica* (2021).
31 Felipe Aureolo Teofrasto Bombastd de Hohenheim, mais conhecido como Paracelso, foi um sábio renascentista e considerado o pai da toxicologia. Nasceu no povoado de Einsiedeln, na Suíça, em 1493. Foi na condição de jovem monge beneditino que se iniciou no estudo das ciências ocultas e, ao longo da vida, dedicou-se à Medicina, à Alquimia, à Astrologia e à Filosofia. Escreveu inúmeras obras, publicadas em vida e postumamente. Morreu em 1541, no convento de São Jaime.

lecer uma relação entre as partes da planta a serem consumidas e a passagem da Lua pelas diversas constelações zodiacais:

TERRA: raízes (signos de Touro, Virgem e Capricórnio);

ÁGUA: folhas e caules (signos de Câncer, Escorpião e Peixes);

AR: flores (signos de Gêmeos, Libra e Aquário);

FOGO: sementes e frutos (signos de Áries, Leão e Sagitário).

Vejamos, então, algumas formas de uso mágico das plantas.

Chás: são as formas mais comuns, podendo ser utilizados como bebida ou para banho. Há dois modos básicos de se preparar um chá. Quando se trata das partes mais duras da planta (como sementes, caules, cascas, raízes) ou quando as folhas estão secas e desidratadas, o ideal é utilizar a *decocção*, em que a água é posta no fogo juntamente às partes da planta, deixando ferver por cinco minutos; depois, tira-se do fogo e abafa-se o chá por poucos minutos antes de consumir. No caso de partes "moles" (flores e folhas) ou frescas da planta, procede-se com a *infusão*, em que a água fervente deve ser derramada sobre o recipiente com essas partes da planta e deixadas em repouso por cinco minutos.

Tinturas: partes da planta "descansam" em álcool de cereais, vinagre, vodca ou glicerina por uma média de 15 dias. Após esse tempo, essa tintura servirá de base para outros preparados, como *sprays* (a tintura acrescida de água para borrifar o ambiente) e *óleos* (a tintura acrescida de óleo vegetal e/ou essencial).

Escalda-pés: prática milenar de relaxamento e limpeza dos pés, que consiste em colocá-los em um recipiente com água morna e uma mistura de partes desidratadas de diferentes plantas. Acrescentando-se sal grosso fica melhor ainda.

Bastões: incensos naturais feitos com as plantas desidratadas, enroladas, amarradas e usadas para defumação ou queima, a fim de perfumar e purificar o ambiente.

Guirlandas, patuás, pot-pourris: uso das plantas secas e desidratadas em arranjos ou sachês, para decorar ambientes ou carregar consigo.

Esses usos descritos anteriormente demandam o uso de partes da planta não apenas frescas, mas também desidratadas. E aqui cabe um pequeno roteiro de como desidratar suas ervas.[32]

De posse das ervas (e tudo bem se, em vez de colhê-las diretamente na natureza, você adquiriu por meio de compra e venda), siga os procedimentos em ordem:

Separe as ervas pelas partes a serem usadas (folhas, flores, raízes, bulbos, cascas);

- Separe as ervas pelo teor de umidade (alto ou baixo);
- Decida onde vai desidratá-las: se dentro de casa ou ao ar livre. Caso escolha ao ar livre, é importante deixá-las na sombra e onde não haja umidade;
- Decida como dispô-las: se forem partes moles, melhor arranjá-las em uma fôrma (na horizontal) durante dois a quatro dias; já as partes duras é melhor arranjá-las em buquês pendurados (na vertical) durante duas a quatro semanas.

Você também pode usar o forno convencional (nunca micro-ondas!), na temperatura mais baixa possível, de duas a quatro horas também.

Há ainda muitas outras maneiras de fazer uso das ervas, as quais apenas elenco, de passagem: bochechos e gargarejos,

---

32. Roteiro elaborado com base em *Bruxaria Verde*, de Lindsay Squire (2022).

compressas e cataplasmas, banhos de imersão e vaporização, bem como misturas em outros preparados de base (sabonetes, cremes hidratantes, sais de banho, velas). Tudo isso sem mencionar, ainda, os florais e, notadamente, os óleos vegetais e os óleos essenciais, que concentram, por meio de diferentes técnicas de extração, a pura seiva das plantas.[33] Eles podem ser utilizados de muitas maneiras e, de modo geral, seguem o padrão:

Óleos à base de árvores (cascas e resinas): indicados para tratamento de dores. Por exemplo: mirra e cedro.

Óleos à base de cítricos (folhas e frutos): indicados como energizantes. Por exemplo: capim-limão e laranja.

Óleos à base de flores: indicados para a pele e como calmantes. Por exemplo: rosa-mosqueta e lavanda.

Óleos à base de ervas: indicados como suporte e para imunidade. Por exemplo: alecrim e hortelã.

Assim, seguindo as classificações usuais da aromaterapia e da fitoterapia, pode-se pensar que as plantas utilizadas em nossos feitiços serão selecionadas de acordo com suas partes, notas aromáticas e intenções, a saber: *florais, herbais, cítricos, amadeirados, resinosos, terrosos e condimentados*.

Dito isso, podemos considerar que há uma relação básica para a realização de pequenos feitiços, cujas plantas são fáceis de cultivar ou de encontrar à venda. A partir dessa listagem, qualquer pessoa poderá praticar, praticar e praticar até alçar voos maiores. Antes, porém, conforme sugerem Gimenes e Cândido (2017) no livro *Manual de Magia com Ervas*, é bom lembrar que a magia com plantas demanda três pilares básicos: *uma preparação pessoal, uma preparação do ambiente e uma*

---

33. Como sugestão de leitura sobre o tema, recomendo *Aromaterapia A Magia dos Perfumes*, de Luanda Kaly (2022); e *Óleos que Curam: o Poder da Aromaterapia*, de Wanda Sellar (2002).

preparação dos utensílios, que implicam uma meditação e uma visualização energética prévias. Em suma: concentrar e purificar psiquicamente a própria aura, o local e as ferramentas a serem utilizadas.

A seguir, então, apresento uma relação particular de alguns dos elementos considerados básicos para nossas bruxarias, de acordo com as intenções relacionadas, bem como suas indicações para sintomas físicos e psicoemocionais.[34]

Evidentemente, cada um dos espécimes a seguir pode ter também outras indicações, abordadas pela medicina natural ou fitoterápica.

ERVA	USO PARA SINTOMA FÍSICO	USO PARA SINTOMA PSICOEMOCIONAL	INTENÇÃO MÁGICA
AÇAFRÃO	Baixa o teor de gordura no sangue. Combate dores reumáticas, a prisão de ventre. Estimula a digestão.	Promove a sensação de saciedade, combatendo assim o apetite compulsivo por conta da ansiedade.	Limpeza energética e purificação.
ALECRIM	Resfriados e tosse. Anemia. Celulite. Dores musculares. Gastrite. Intoxicação. Hipotensão. Reumatismo. Estimula a eliminação de gases e tem propriedades cicatrizantes.	Combate a letargia, a desorientação, a indecisão e o desânimo. Estimula a atenção, e o poder de decisão e de verbalização.	Esse é a erva que não pode faltar na casa da bruxa! Potencializa e substitui todo e qualquer feitiço.

---

34. Tomo como base o *Curso Completo de Terapia Holística*, de Nei Naiff (2019), e *Herbologia Mágica*, de Tania Gori (2021).

ALHO	Anti-inflamatório. Reduz o colesterol e a hipertensão.	Sendo fonte de probióticos, estimula o crescimento de bactérias benéficas ao intestino, o que contribui indiretamente para a saúde mental.	Proteção espiritual.
ANIS-ES-TRELADO	Antibacteriano e antifúngico. Combate resfriados e gripes.	Estimula a autoestima.	Atração e amor. Limpeza energética e purificação. Prosperidade.
ARRUDA	Combate doenças dos rins, bexiga, fígado, reumatismo, gota, além de males cardíacos e circulatórios. Porém, uma observação importante: seu uso interno deve ser bem restrito, pois ela pode causar facilmente intoxicação.	Estimula a autocura. Combate nervosismo e irritabilidade.	Limpeza energética e purificação. Proteção espiritual.
ARTEMÍSIA	Combate disfunções estomacais.	Estimula a intuição, a paciência e a autoestima.	Proteção espiritual.
BOLDO	Combate a cólica biliar, os distúrbios gástricos e hepáticos.	Combate a arrogância e o espírito excessivamente crítico, o ódio e a possessividade, bem como estados de dúvida.	Limpeza energética e purificação.

5. Em Busca do Conhecimento Mágico

CAMOMILA	Combate azia, cólica abdominal, gastrite, diarreia e males da menopausa. Anti-inflamatório da pele, combate acne e alivia queimaduras em geral.	Combate o nervosismo, angústia e agressividade.	Abundância e riqueza. Paz e harmonia.
CANELA	Tônico digestivo e diurético.	Estimula o espírito de liderança. Favorece o foco e a concentração.	Atração e amor. Prosperidade.
CAPIM-CIDREIRA	Combate indigestão e febres em geral.	Combate a ansiedade, a desorientação, a inquietação e as fobias em geral, promovendo o relaxamento.	Limpeza energética.
CARQUEJA	Combate o cálculo biliar.	Combate a vaidade a mesquinharia.	Limpeza energética e purificação.
CRAVO	Auxilia na digestão e acelera o metabolismo.	Estimula a determinação.	Prosperidade.
ERVA-DOCE/FUNCHO	Combate enjoos e náuseas.	Combate sentimentos de inadequação, de negatividade e de remorso. Estimula a alegria.	Cura e proteção espiritual.
HORTELÃ	Indicado para a digestão. Combate dores de garganta, rouquidão e laringite.	Combate o medo e estimula o desapego.	Prosperidade e proteção espiritual.

LAVANDA	Combate dores de cabeça e náuseas.	Combate a angústia, a agressividade, o arrependimento, a irritabilidade e as inquietações em geral.	Prosperidade e proteção. Paz e harmonia.
LOURO	Auxilia na digestão.	Ajuda na concentração e combate a confusão mental.	Prosperidade e proteção espiritual.
MANJERICÃO	Estimula o apetite. Combate a impotência e estimula a sexualidade.	Combate a apatia e a tristeza em geral.	Prosperidade e proteção. Limpeza energética.
NOZ-MOSCADA	Tônico sexual, antioxidante e antisséptico.	Estimula a autoestima, o sentimento de segurança e a atividade mental.	Prosperidade.
SÁLVIA	Combate a pressão alta e a indigestão.	Combate a ansiedade a depressão.	Limpeza energética e purificação.

***

Os cristais também são queridinhos pelos simpatizantes e praticantes da bruxaria.

Na minha primeira experiência com o chá da ayahuasca,[35] nos meus 20 e poucos anos, lembro-me perfeitamente de uma das "mirações" que tive: uma velha indígenas me dizia para agarrar com força uma pedra e projetar ali o meu desejo, porque ele ficaria vibrando para o Universo. Desde então, tenho verdadeira atração por todo cristal, gema, mineral ou rocha,

---

35. É bom enfatizar que, de maneira nenhuma, recomendo o uso indiscriminado dessa bebida. O consumo do chá, a meu ver, deve ser realizado em locais de inteira confiança e credibilidade, e sob normas rigorosas de segurança e suporte, já que a ingestão do chá não é indicada para alguns casos (pacientes de psicopatias e/ou em tratamento medicamentoso, por exemplo).

5. Em Busca do Conhecimento Mágico

seja do tipo natural (formado nas profundezas da Terra), seja o do tipo fabricado (feitos em laboratório, mas que ainda assim possuem uma estrutura cristalina com energia).

Para quem não tem familiaridade, reproduzo as dicas de Karen Frazier (2020, p. 24) para se permitir sentir e acolher a energia dos cristais:

- ***Estar aberto à experiência***

Esse é um primeiro aspecto que, aliás, se refere a toda a aprendizagem da magia: permitir-se aprender, descobrir, conhecer. Essa abertura que nos permitimos possibilita que todo o desenvolvimento prossiga.

- ***Deixar de lado qualquer ideia preconcebida***

Tentar sair da "bolha" em que nos moldamos e nos situamos nunca é fácil, mas é sempre possível tentarmos olhar o mundo e seus fenômenos sob outras perspectivas.

- ***Deixar de lado qualquer expectativa de resultado***

Em um mundo tão frenético, é difícil também escaparmos de alguma medida de ansiedade. Relaxar, pois, é preciso, procurando não pensar no que se pode obter de maneira pragmática. Pode apostar: quando você menos esperar, o uso habitual dos cristais vai mostrar seus efeitos na maneira como você age e reage ao longo do dia.

- ***Começar com um cristal pelo qual sinta atração***

Que pedrinha chama por você? Procure-a, estude-a, toque-a... Logo você vai intuir não só de quais cristais precisa fazer uso, mas também com os quais mais se afina.

Seguindo em particular essa quarta dica, por exemplo, o cristal que sempre me atraiu com mais força foi a *ametista*, pedra que, depois descobri, está ligada aos chacras[36] coronário e frontal (no alto da cabeça e no chamado "terceiro olho"), pedra, portanto, associada à intuição e à espiritualidade.

Assim, de acordo com o que fui experimentando, indico outra pequena listagem com cristais associados justamente aos chacras e à meditação. Esse é só um começo; depois, com a prática, você vai construindo sua própria listagem. A relação a seguir de pedras e cristais tem a ver, pois, da mesma forma no que concerne às plantas, com uma indicação pessoal que acredito ser bem básica em qualquer prática de iniciação; eles são fáceis de encontrar à venda e têm preços viáveis.

CHACRA	LOCALIZAÇÃO	FUNÇÃO	COR	VERBO / MANTRA	CRISTAIS
Sahasrara	Chacra coronário. No alto da cabeça.	Espiritualidade e relação com o eu superior.	Violeta e branco.	*Eu compreendo.* *OM* *SHAM*	Ametista. Cristal de quartzo.
Ajna	Chacra frontal. Entre os olhos.	Intuição e concentração.	Índigo e branco.	*Eu vejo.* *AUM*	Sodalita. Ágata azul.

---

36 Os chacras são pontos energéticos que, segundo a milenar cultura hindu, são responsáveis pelo equilíbrio e a harmonia entre corpo, mente e espírito. Sua origem etimológica vem do sânscrito e significa "roda". São muitos os chacras que influenciam nossa saúde e nossa vida, mas são sete os principais. Para maior aprofundamento sobre o tema, sugiro o livro *Chacras, Autocura: o Caminho para a Saúde Física, Emocional, Mental e Espiritual*, de Ana Maria Nardini (2017).

5. Em Busca do Conhecimento Mágico

Vishuddha	Chacra laríngeo. Na região da tireoide (garganta).	Comunicação e expressão.	Azul-claro.	Eu me comunico. HAM	Lápis-lazúli. Turquesa.
Anahata	Chacra cardíaco. No centro do peito.	Amor, compaixão, empatia.	Verde e rosa.	Eu amo. YAM	Amazonita. Fluorita. Malaquita. Rodocrosita.
Manipura	Chacra solar. Acima do umbigo.	Controle do ego, autoestima, confiança.	Amarelo.	Eu faço. RAM	Citrino. Pirita.
Swadhisthana	Chacra sexual. Na região dos órgãos sexuais.	Sensualidade, criatividade.	Laranja.	Eu sinto. VAM	Olho de tigre. Jaspe.
Muladhara	Chacra raiz. Na região do períneo.	Vitalidade, estabilidade, aterramento.	Vermelho.	Eu sou. LAM	Ágata. Cornalina. Ônix. Obsidiana.

Assim, com base nessa relação entre cores e centros energéticos de atuação, os cristais podem ser classificados de maneira geral tal como propõe Nei Naiff (2019) em sua proposta de cristaloterapia:

- *Cristais energéticos*: cristais de cores quentes, em tons de vermelho, laranja, amarelo, além de negro e cinza. Indicados para vitalidade, coragem e disposição.
- *Cristais harmonizadores*: cristais de cores frias em tons de verde e de rosa, com suas variações. Indicados para o equilíbrio e a saúde em geral.
- *Cristais purificadores*: cristais de cores frias em tons de azul e roxo. Indicados para limpeza energética, proteção e paz emocional.
- *Cristais mestres:* todos os cristais de rocha (hialinos, isto é, translúcidos e de aparência vítrea). Potencializam a ação de todos os outros cristais, assim, indicados para quaisquer finalidades.

Com essa primeira classificação, pode-se associar cada intenção visada a um cristal.

Mas também apresento outra relação, a qual tem como base as indicações para usos mágicos da *Enciclopédia Cunningham de Magia com Cristais, Gemas e Metais*, de Scott Cunningham (2019).

TIPO DE ENERGIA	CRISTAL
Abundância e prosperidade.	Citrino, esmeralda, pirita, lápis-lazúli, olho de tigre.
Saúde e cura.	Quartzo-verde, fluorita, água-marinha, amazonita.
Limpeza energética e proteção.	Ágata, cianita preta, selenita, hematita, jaspe, ônix, turmalina.
Amor, atração, autoestima e confiança.	Quartzo-rosa, cornalina, rodocrosita.

Essa é minha relação básica. É bom lembrar que existe uma infinidade de cristais na natureza e cabe a cada um buscar aqueles com os quais tenha mais afinidade e/ou necessidade. Recorde-se também de que, de tempos em tempos, convém fazer uma limpeza energética nas pedras, para o que há muitas formas de fazê-lo:

1. Colocar as pedras na terra, como em jarros de planta, na grama do chão ou mesmo em um recipiente com areia limpa.
2. Colocar as pedras em água com sal, de preferência água do mar (lembrando que nem todas as pedras podem ser molhadas).
3. Colocar as pedras em contato com a fumaça de um incenso ou palo santo.
4. Colocar as pedras em contato com um bastão de selenita (cristal de purificação).
5. Colocar as pedras sob o luar da Lua Cheia (essa é a minha forma predileta, aliás).

***

Como já deu para perceber, as cores também podem ser usadas a favor da magia.

Quando falamos em cores, somos imediatamente levados a pensar em *cromoterapia*. Essa modalidade terapêutica se baseia na manipulação da luz e suas ondas eletromagnéticas, gerando, assim, os espectros cromáticos que conhecemos como cores. De acordo com a frequência dessas ondas, temos as cores que vão das mais quentes (vermelho-escuro, por exemplo) às mais frias (azul-claro, por exemplo). Embora a aplicação das cores como modo de intervir nos estados de saúde física e emocional seja relativamente recente, bem antes do advento dessa forma de terapia holística, o uso das cores já era explorado em sua dimensão mística desde a Antiguidade (cf. NAIFF, 2019).

Seguindo a proposta de Lindsay Squire (2022, p. 98-99) em seu livro *Bruxaria Verde*, podemos também fazer uso das cores em nossos rituais mágicos. Elas podem estar presentes no vestuário, nos objetos do altar, nas flores, nos frutos e nos demais ingredientes que utilizaremos em nossas práticas mágicas. A escolha, por exemplo, da vela ou da peça de roupa que você irá vestir em um ritual pode, portanto, seguir a propriedade mágica que se queira ativar e que está relacionada a determinada cor, tal como sugere a lista resumida a seguir:

BRANCO: purificação e proteção.

PRETO: banimento.

MARROM: aterramento e estabilidade.

ROSA: afetos, romance, família.

VERMELHO: coragem, poder, ação.

LARANJA: confiança, criatividade, abundância.

AMARELO: abundância, sucesso, alegria.

VERDE: aceitação, harmonia, sorte, saúde.

ROXO: intuição, proteção.

AZUL: comunicação, autoexpressão.

PRATEADO: consciência, energia feminina, magia lunar.

DOURADO: influência, energia masculina, magia solar.

Enfim, como se vê, muitos aspectos e elementos estão interconectados na magia natural. No tópico seguinte, vou abordar outro tema que também acompanha tradicionalmente as magias e seus praticantes: os oráculos.

5.6 PRÁTICAS ORACULARES: TARÔ E AUTOCONHECIMENTO

Os oráculos acompanham a humanidade desde sempre e sua história se confunde com a nossa. Certamente você aí já ouviu falar, por exemplo, das sacerdotisas de Apolo que viviam na Ilha de Delfos. Lá, escrito sobre o portal de entrada, uma recomendação dizia: *conhece-te a ti mesmo!*

E não foi só na civilização grega: todas as culturas antigas de que se tem conhecimento praticavam as artes divinatórias. A tradição de consultar um oráculo a fim de conhecer mais sobre a própria personalidade (oráculos do ser, como Astrologia) ou sobre a sorte futura (oráculo do estar, como cartomancia) persiste até hoje em diferentes práticas de origens étnicas diversas: runas (leitura de pedras com alfabeto nórdico); *I Ching* (oráculo de origem chinesa); quiromancia (leitura das linhas das mãos); cafeomancia (leitura da borra do café); búzios (leitura de tradição africana); baralho cigano; tarô e tantos outros exemplos são formas de auxílio na tomada de decisões e escolhas, bem como para a descoberta de nós mesmos. Assim, evidentemente, a magia tem íntima relação com as práticas oraculares.

Comento muito rapidamente algumas dessas práticas que acompanham usualmente os adeptos e os simpatizantes da magia.

1. Astrologia:

Como diz a astróloga Claudia Lisboa (2013), fazer Astrologia é ouvir as mensagens do firmamento. Embora não seja possível datar com exatidão sua origem, sabe-se que há registros antiquíssimos dando conta de eventos da ordem celeste. Impérios da Antiguidade (Mesopotâmia, Egito, Pérsia, Grécia e Roma) praticavam o estudo dos astros, quando Astrologia e Astronomia se fundiam numa coisa só. De maneira bem sumária, a Astrologia preconiza os acontecimentos diversos (nosso nascimento, por exemplo) a partir da relação de regência (comando) entre os signos do zodíaco, os planetas, as casas astrológicas e os aspectos.

Os signos zodiacais correspondem à divisão do céu em 12 partes, atrelados tanto a um dos elementos que representam uma força da natureza (fogo, ar, terra, água) como a uma das triplicidades, que representam modalidades de expressão, tipos de energia (cardinal, fixa e mutável).

Os planetas, como vimos antes, são os astros do nosso Sistema Solar (incluindo-se Lua e Plutão), sendo que cada um se associa a um tipo de influência (ver seção "Cada dia da semana também é mágico").

Já as casas astrológicas indicam áreas da vida em que o movimento dos astros vai influenciar: identidade (casas 1, 5 e 9), trabalho e produtividade (casas 2, 6 e 10), relacionamentos (casas 3, 7 e 11) e afetividades (casas 4, 8 e 12).

Um mapa de coordenadas do céu entre todas essas peças permitiria a compreensão dos acontecimentos em nossa vida.

O mapa astral de uma pessoa, por exemplo, pode ser considerado um "retrato cósmico" do instante em que ela nasceu. Nesse mapa, assim, consideram-se informações como onde o Sol estava no dia e no momento do nascimento, bem como os principais astros do Sistema Solar, que representam áreas da vida.

As tabelas a seguir ilustram sumariamente como esses elementos gerais serão combinados em um estudo astrológico (tanto de nascimento como de previsão) da Astrologia.

5. Em Busca do Conhecimento Mágico

ELEMENTO DA NATUREZA	SIGNOS	CARACTERÍSTICAS
FOGO	Áries, Leão, Sagitário.	Entusiasmo, paixão, força.
TERRA	Touro, Virgem, Capricórnio.	Racionalidade, praticidade, segurança.
AR	Gêmeos, Libra, Aquário.	Curiosidade, idealismo, comunicabilidade.
ÁGUA	Câncer, Escorpião, Peixes.	Intuição, sensibilidade, emoção.

TIPO DE ENERGIA	CARACTERÍSTICAS	SIGNOS
FIXA	Permanência, concentração, sustentação.	Leão, Touro, Aquário, Escorpião.
CARDINAL	Iniciação, inovação, impulsividade.	Áries, Capricórnio, Libra, Câncer.
MUTÁVEL	Flexibilidade, adaptabilidade, mudança.	Sagitário, Virgem, Gêmeos, Peixes.

ASTRO	CARACTERÍSTICAS REGIDAS
SOL	Identidade
LUA	Emoções
VÊNUS	Relações e afetos
MERCÚRIO	Intelecto
MARTE	Força interior
JÚPITER	Oportunidades
SATURNO	Desafios
URANO	Evolução pessoal
NETUNO	Espiritualidade
PLUTÃO	Transformações e descobertas

CASA ASTROLÓGICA	ÁREA DE INFLUÊNCIA
CASA 1	O ser em si/Infância e adolescência
CASA 2	Recursos materiais
CASA 3	Irmãos
CASA 4	Família
CASA 5	A autoestima/Criações, legado, filhos
CASA 6	Cotidiano e rotina
CASA 7	Parceiros amorosos e profissionais
CASA 8	Questões emocionais e sexuais
CASA 9	Experiências para evolução do ser/Estudos e mestres, viagens
CASA 10	Vocação
CASA 11	Amizades
CASA 12	Espiritualidade

Evidentemente, esses são apenas alguns dos elementos com os quais a Astrologia trabalha, a partir dos quais se descortinam outros.

2. Baralho Cigano:

Trata-se de um conjunto de 36 cartas cujas figuras remetem a elementos naturais ("As pedras" ou "As árvores", por exemplo), a seres ("A criança" ou "O mensageiro", por exemplo) ou a sensações e sentimentos ("As novidades" ou "Os desgastes", por exemplo). E qual a sua origem? Apresento a seguir, rapidamente, duas versões.

Segundo DellaMonica (2021), o Tarô ou Baralho Cigano teria como origem o livro do professor e pesquisador Jean Pierre Dunant, intitulado *O Único e Verdadeiro Livro do Tarô Cigano*. A história que DellaMonica nos traz conta mais ou menos o seguinte: em viagem pela Hungria em 1879, Dunant encontrou casualmente um velho manuscrito. A partir desse encontro fortuito de umas folhas rabiscadas em uma livraria em Budapeste, Dunant decidiu empreender busca por grupos ciganos que o ajudassem a desvendar aquelas páginas, o que teria durado de 1880 a 1885. No ano seguinte, Jean Pierre Dunant faleceu em Paris sem conseguir ver seu livro publicado. Mas seu rascunho sobreviveu e chegou às mãos do professor espanhol Juan Garcia Chávez. O professor, que também era dono de uma pequena editora, encontrou os originais de Dunant numa viagem à Hungria em 1958. E foi graças a esse novo (des)encontro do Destino que o livro sobre Baralho Cigano veio ao mundo.

Já André Mantovani, em seu livro *Baralho Cigano: Tradição, Teoria e Prática* (2020), apresenta como origem histórica o *Jogo da Esperança*, lançado por Johann Kaspar Hechtel em 1799, um jogo de tabuleiro que acompanhava 36 cartas e cujo objetivo dos jogadores era chegar à Âncora. Da Alemanha, uma versão similar das cartas tornar-se-ia popular na frança a partir do uso adivinhatório feito pela famosa e enigmática figura da Mademoiselle Lenormand (1772-1843), a quem se vinculou fortemente a tradição do Baralho Cigano.

3. Búzios:

O jogo de búzios é um dos métodos oraculares do Ifá, o espírito porta-voz do Criador na cultura iorubá de origem nigeriana. Foi trazido para o Brasil no século XVIII por babalaôs (sacerdotes no Candomblé) e consiste em 16 conchinhas do mar, cada uma representando os 15 orixás e Exu, o mensageiro. Além dos búzios, existem também 16 pequenas argolas de contas, cada argola representando o axé de um orixá (a força mágica). Conforme a disposição com que os búzios caem (fechados ou abertos) e a relação com as argolas, teremos aí quem responde e os significados possíveis para a questão apresentada.

4. *I Ching*:
De origem chinesa, esse oráculo se baseia na dualidade *yin* e *yang* do *Tai Chi*, que propõe que tudo no Universo é composto por pares opostos que se complementam (quente e frio, luz e sombra, etc.). O *I Ching* consiste na combinação de linhas (inteiras ou quebradas) em um par de conjuntos de três linhas (trigramas), formando assim um hexagrama. Existem, assim, 64 possibilidades de combinações, que podem ser tiradas por meio de moedas, dados ou mesmo varetas. Cada combinação tem um significado em particular e para compreendê-lo é preciso consultar *O Livro das Mutações*, uma obra milenar cuja autoria se atribui a vários sábios, de diferentes dinastias e gerações. Essa obra chegou ao Ocidente por meio de Richard Wilhelm, um tradutor alemão, em 1923.

5. Runas:
Conforme explica Thorsson (2019, p. 21), "uma runa não é apenas uma letra num antigo alfabeto germânico; mais exatamente, ela encerra a definição primordial de segredo ou mistério". Consiste em 24 símbolos que implicam, simultaneamente, uma forma, uma ideia e um número. Seu conhecimento remonta à Idade do Bronze, mas seu uso sagrado provavelmente foi aprimorado no século II a.C. Supõe-se que as runas estivessem ligadas aos saberes mágicos de sacerdotes dos países nórdicos (os registros mais antigos foram encontrados em inscrições rupestres na Escandinávia). Segundo o mito, o conhecimento rúnico foi concedido graças à intervenção de Odin, o "deus da magia" para os antigos povos godos, germanos e escandinavos.

***

Dentre tantas práticas oraculares, escolhi o Tarô.
Ou foi o Tarô que me escolheu?

5. Em Busca do Conhecimento Mágico

O Tarô (forma aportuguesada da palavra francesa *Tarot*) é o conjunto de 78 cartas (sendo 22 de Arcanos Maiores e 56 de Arcanos Menores) cuja origem é desconhecida, mas que tem seus primeiros registros na Itália e no sul da França no século XIV. O tarô historicamente datado mais antigo é o que pertenceu à família italiana de Visconti-Sforza, de 1450 (ver NAIFF, 2009; BARTLETT, 2011).

Como assinala Sarah Bartlett em *A Bíblia do Tarô* (2011, p.23), o tarô "*é uma das ferramentas mais poderosas para a autoconsciência. Ele é atemporal. O tarô inspira, cria caminhos, orienta e faz uma grande diferença na maneira como você vê sua própria vida*". Assim, portanto, o Tarô tem uso não só oracular, mas também terapêutico, utilizado como ferramenta de autoconhecimento.

A verdadeira origem do Tarô é um mistério, mas se sabe que as primeiras referências estão em documentos do final do século XIV. O Tarô mais antigo que se conhece é o *Visconti-Sforza*, de 1450 (BARTLETTI, 2011). Desde então, sua popularidade é inquestionável. Tanto que, desde os primeiros registros de seu uso na Europa medieval até a contemporaneidade, existem diversos tipos de Tarô e maneiras de "deitar as cartas".

Eu, particularmente, prefiro o *Tarô de Marselha* (cuja simbologia remonta à França do século XVI e foi desenvolvido por Claude Burdel por volta de 1750) e o *Tarô Waite-Smith* ou *Rider-Waite* (criado por Arthur Waite, com pinturas de Pamela Colman Smith, ambos pertencentes à Ordem da Aurora Dourada, a congregação britânica ocultista do final do século XIX, já mencionada no livro).

Como já disse, o Tarô consiste em 22 cartas de Arcanos Maiores e 56 cartas de Arcanos Menores, estas últimas compostas por quatro naipes constituídos cada um de cartas numeradas do Ás ao 10 e mais quatro cartas da corte: valete, cavaleiro, rainha e rei. A palavra "Arcano" vem do latim *arcanum*, que significa "segredo", termo utilizado originalmente pela alquimia (ver NALDONY, 2022), sendo depois apropriado para se referir aos "tarocchi" de uso divinatório. Enquanto os Arcanos Maiores indicam ideias e possibilidades gerais, os Arcanos Menores indicam formas e realizações específicas.

Os Arcanos Maiores contam uma história, a da nossa jornada na vida. O personagem dessa jornada é representado pela figura da carta O Louco, a única sem número, que tanto pode ser a carta 0 quanto a carta 22 (primeira e última).

As cartas, assim, estão relacionadas a ciclos de vida que todos nós podemos vivenciar ao longo de nossas existências. O Tarô, desse modo, conta as diferentes fases do caminho na jornada de vida dessa figura que personifica cada um de nós.

Essas fases podem ser assim descritas, tal como indica a tabela a seguir:

CICLO DA VONTADE	CICLO DO LIVRE-ARBÍTRIO	CICLO DO PRAZER	CICLO DA DOR	CICLO DA ESPERANÇA
1. O Mago 2. A Sacerdotisa 3. A Imperatriz 4. O Imperador 5. O Sumo Sacerdote	6. Os Enamorados	7. O Carro 8. A Justiça 9. O Eremita 10. A Roda da Fortuna 11. A Força	12. O Enforcado 13. A Morte 14. A Temperança 15. O Diabo 16. A Torre	17. A Estrela 18. A Lua 19. O Sol 20. O Julgamento 21. O Mundo 22/0. O Louco

5. Em Busca do Conhecimento Mágico

Cada carta do Tarô, como símbolo de uma energia específica, também pode ser descrita a partir da tabela a seguir:

ARCANO	VERBO BÁSICO	PALAVRAS-CHAVE
0/22. O LOUCO	Revolucionar	Impulsividade, irresponsabilidade, fascínio, novos começos.
1. O MAGO	Aspirar	Iniciativa, persuasão, consciência, ação.
2. A SACERDOTISA	Analisar	Segredos, sentimentos ocultos, intuição, cura, poder feminino, influências misteriosas.
3. A IMPERATRIZ	Desenvolver	Ação, desenvolvimento, vitalidade feminina, abundância, criatividade, bem-estar.
4. O IMPERADOR	Controlar	Poder, autoridade, liderança, poder da razão, figura paternal.
5. O SUMO SACERDOTE	Disciplinar	Contenção, conformidade, ensinamento, regras tradicionais, cerimônias, valores elevados.
6. OS ENAMORADOS	Escolher	Amor, plenitude, escolha, tentação, compromisso.
7. O CARRO	Direcionar	Diligência, força de vontade, perseverança, triunfo.
8. A JUSTIÇA	Ajustar	Causa e efeito, ajustamento, harmonia, igualdade.
9. O EREMITA	Pesquisar	Recolhimento, discernimento, desapego, reflexão, ponderação.
10. A RODA DA FORTUNA	Alterar	Sorte, reviravolta, destino, inevitabilidade, senso de oportunidade.
11. A FORÇA	Dominar	Força, coragem, autoconsciência, domínio de si e da situação.

12. O ENFORCADO	Resignar	Resignação, aceitação, transição, readaptação, paradoxo.
13. A MORTE	Modificar	Mudança, encerramento ou começo de ciclos, transformação.
14. A TEMPERANÇA	Reconciliar	Autocontrole, moderação, compromisso, virtude.
15. O DIABO	Desejar	Submissão, tentação, materialismo, passionalidade, ilusão.
16. A TORRE	Dissolver	Rupturas, eventos inesperados, dissolução, revelação.
17. A ESTRELA	Harmonizar	Esperança, inspiração, amor ideal.
18. A LUA	Expandir	Intuição, ilusão, sombra, engano.
19. O SOL	Triunfar	Felicidade, criatividade, alegria, crescimento, energia positiva.
20. O JULGAMENTO	Transcender	Libertação, chamado interior, transformação.
21. O MUNDO	Progredir	Finalização, satisfação, completude.

Cada carta, então, apresenta um conjunto de palavras-chave, além de um verbo básico, que indicam sua significação particular.[37]

Quanto aos Arcanos Menores, para se familiarizar com os significados de suas 56 cartas, é preciso pensar em alguns passos básicos. Vejamos.

- *Compreender a simbologia do naipe*: podemos associar cada naipe a uma simbologia específica a partir de sua relação com um dos elementos naturais, como sugere Carlos Godo (2020, p. 119):

---

[37]. Tabela formulada a partir do livro *A Bíblia do Tarô*, de Sarah Bartlett (ver referência completa na bibliografia consultada, ao final do livro).

PAUS: intelectualidade, dominação, ideias, espiritualidade, criatividade, poder, reflexão, racionalismo, controle. Ligado ao elemento FOGO. Sua palavra-chave é: inspirações.

COPAS: emoções, sentimentalismo, paixões, amor, ensino, passividade, receptividade, sensibilidade, fragilidade, expectativas. Ligado ao elemento ÁGUA. Sua palavra-chave é: emoções.

ESPADAS: ação, lutas, adversidades, antagonismos, morte, acidentes, golpes de sorte, ações intempestivas. Ligado ao elemento AR. Sua palavra-chave é: pensamentos.

OUROS: materialismo, realização, riqueza, resultados de um processo, ambições. Ligado ao elemento TERRA. Sua palavra-chave é: recursos.

- *Associar a energia da carta (pela numeração ou pela ilustração) a um tipo de sentimento:*
SENTIMENTOS DE ALEGRIA E SATISFAÇÃO: sugerem situações benéficas e/ou favoráveis.

SENTIMENTOS DE TRISTEZA E APATIA: sugerem situações desafiadoras e/ou desfavoráveis.

Caso sejam utilizados Tarôs em que os Arcanos Menores são ilustrados (como o Waite-Smith, por exemplo), os desenhos das cartas auxiliam muito nessa interpretação. Já naqueles em que só aparecem as peças referentes ao naipe (como o de Marselha), é preciso estudar o que cada numeração, em geral, representa, tal como indicado na tabela a seguir.

NUMERAÇÃO	SIGNIFICADO
ÁS	Novos inícios e oportunidades. Projetos e ciclos que começam.
DOIS	Bons encontros. Equilíbrio de forças. Dualidade.
TRÊS	Bons resultados, conquistas.
QUATRO	Limitações e dúvidas.
CINCO	Versatilidade, abertura.
SEIS	Harmonia, paz.
SETE	Sonhos, ilusões, magia.
OITO	Superação, diminuição das dificuldades.
NOVE	Autoconfiança, coragem, determinação.
DEZ	Fins e começos. Novos destinos.

- *Associar a carta ao que representa a figura da corte:*
VALETE: energia de jovialidade, ingenuidade e/ou inconstância.

CAVALEIRO: energia de agressividade, força e/ou irresponsabilidade.

RAINHA: energia de proteção, compreensão e/ou criatividade.

REI: energia de dinamicidade, carisma e/ou poder.

Além dos naipes, o significado de cada carta levará em conta sua numeração ou figura da corte apresentada. Como não é meu objetivo explicar detalhadamente métodos e tipos de tiragem do Tarô, mas relacionar seu uso à magia, vou me restringir aos Arcanos Maiores. Para quem deseja se aprofundar mais nesse tema, sugiro as obras na bibliografia consultada ao final deste livro.

5.7 ALGUNS USOS DO TARÔ

Proponho basicamente dois usos: o *uso conselheiro* e o *uso simbólico no ritual*. Mas, antes, convém fazer uns lembretes que considero importantes:

- Ter o próprio *deck* de cartas e não permitir que outras pessoas o manuseiem.
- Utilizar, para as tiragens, um pano (uma toalha, um lenço, etc.) de uso exclusivo para isso e procurar sempre energizá-lo (com uma pedra de selenita ou com incensos).
- Fazer a tiragem em um local sossegado e purificado energeticamente (o que se pode fazer também com selenita, incensos ou queimando palo santo).

Você também pode preparar-se intimamente para esse instante: tomar um banho de limpeza, beber um chá de artemísia, meditar alguns minutos com pedras de ametista ou cianita azul, dentre outras formas que sua intuição sugerir.

- *O Uso Conselheiro do Tarô*

Para esse tipo de uso, vou apresentar, por sua vez, três modos de tiragem.

A tiragem de cartas do Tarô significa um instante de pausa, um momento meditativo. Trata-se de um momento mágico que proporciona um instante de reflexão que pode auxiliar-nos ao longo das nossas tarefas e desafios. Essas tiragens, por sua vez, podem ser feitas por muitos métodos, mas meus favoritos são: com uma única carta – a carta de conselho geral; com três cartas – as cartas de energia da semana; com cinco cartas, para questões pontuais.

No método da *carta de conselho*, antes de começar o dia, nada melhor do que consultar o tarô e pedir um aconselhamento geral para aquele dia que se inicia. Eu, particularmente, faço isso após minha meditação e oração matinal, e utilizo apenas os Arcanos Maiores que, como eu disse, sinalizam possibilidades gerais. Depois de embaralhar e cortar suas cartas, deixe arejar sua mente e simplesmente pergunte: "qual a energia do meu dia?" Confira as palavras-chave do Arcano sorteado e lembre-se delas ao longo da sua jornada diária.

Já em relação ao método das *cartas de energia*, costumo fazer essa tiragem uma vez por semana, especialmente na mudança de fases lunares. Depois de embaralhar e cortar o *deck* com Arcanos Maiores e Menores, retire três cartas. Cada uma representa:

(1) a energia geral da semana;

(2) as possíveis interferências;

(3) os resultados positivos.

Confira as palavras-chave de cada Arcano em cada posição e guarde-as consigo.

O terceiro tipo de tiragem conselheira se chama *Método Peladan*,[38] meu favorito para me aconselhar em relação a uma questão específica. Após se concentrar na sua questão (é sempre interessante verbalizá-la na forma de uma pergunta), você vai tirar cinco cartas e dispô-las na forma de uma cruz. Cada posição indicará o seguinte:

> Posição 1 (à esquerda na horizontal): o que está favorável e positivo nessa questão (a energia da carta em seu equilíbrio);
>
> Posição 2 (à direita na horizontal): o que está desfavorável e negativo nessa questão (a energia da carta em falta ou em excesso);

---

38. Esse método foi desenvolvido por Sar Mérodack Josephin Peladan (pseudônimo de Joseph-Aime Peladan – 1858-1918), escritor e ocultista francês da Ordem da Santa Cruz.

Posição 3 (na vertical acima): o caminho que é preciso percorrer para o desfecho da questão;

Posição 4 (na vertical abaixo): o resultado possível;

Posição 5 (no centro): a atitude do consulente diante da questão e da busca por sua resolução.

- *O Uso Ritualístico do Tarô*

O uso mágico do Tarô tem a ver com a simbologia de cada Arcano nos rituais realizados. Você pode, então, preparar um altar com ingredientes que remetam aos quatro elementos (fogo, ar, terra e água), agregando a eles o Arcano que pode representar suas intenções.

Um ritual, por exemplo, que projeta intenções para atrair o amor, além de outros componentes (ver, no Apêndice, o quadro de correspondências de ervas, cristais e cores), pode fazer uso de cartas como Os Enamorados, A Estrela e o Ás de Copas, por exemplo.

Já um ritual em que se projetem intenções de vitória no trabalho (conseguir uma promoção, ter êxito numa entrevista de emprego, vencer uma concorrência, etc.) pode fazer uso de cartas como O Imperador, O Carro ou o Ás de Espadas, por exemplo.

À medida que cada um for se dedicando e estudando o Tarô, mais apto estará a realizar seus próprios usos mágicos das cartas.

A tabela a seguir[39] apresenta algumas sugestões de uso simbólico dos Arcanos Maiores em rituais e feitiços.

INTENÇÕES	ARCANOS
Trabalho, emprego, carreira, finanças.	O Imperador A Roda da Fortuna A Justiça O Sol
Amor, paixão, afeto, sexualidade.	A Imperatriz Os Enamorados A Temperança A Lua
Saúde, superação e proteção.	O Mago A Força O Enforcado O Mundo

O fundamental para o uso mágico do Tarô, esse oráculo tão importante que possui até uma data mundial (25 de maio), consiste em dois passos que, embora aparentemente simples, demandam tempo e dedicação: familiarizar-se com os Arcanos (estudar!) e desenvolver a intuição (praticar!).

À medida que for seguindo esses passos, você vai ver: uma relação de confiança e amizade vai se construir entre você e suas cartas.

---

39. Formulada a partir das sugestões de Sarah Bartlett em *A Bíblia do Tarô* (2011, p. 351).

6. A Magia no Dia a Dia: Algumas Dicas Práticas

Feitiços, rituais encantados, magias... Por mais tempo que a História da Humanidade esteja povoada de sacerdotes, xamãs, druidas, feiticeiros, magos e afins, muita gente ainda vê esse assunto ou com descrença ou, pior, com deboche (como se julgasse a si mesmo como alguém supostamente "superior" ...). Um beijo e tchau para essa gente, na qual você que está lendo este livro certamente não se inclui. Assim, deixemos os cães ladrarem e sigamos com nossa carruagem.

A esse respeito, recordo o que disse Jack Parker na sua *newsletter* intitulada "Witch, please" ("Bruxa, por favor"):

> O importante é que lhe faça bem, não? Estamos sempre buscando o sentido da vida, da nossa existência, e por que e como e aonde vou e o que sou e o que me tornarei, então, se podemos nos aferrar a um par de coisas que nos tranquilizem e que temos a impressão de dominar ao longo do caminho, por que cuspir nesse prato? (CHOLLET, 2022, p. 37).

Como já falei antes, por feitiço pode-se entender qualquer ação de manipulação de energias a que se atribui um poder mágico e que tem por objetivo uma intervenção num estado de coisas (atrair um amor, vivenciar uma cura, dinamizar o setor financeiro, conquistar uma vitória, etc.). Mas a magia também pode ser uma ótima aliada no autocuidado tanto físico quanto emocional, pura experiência que auxilia no bem-estar e na qualidade de vida. Por minha experiência pessoal, posso afirmar que ela foi (e tem sido) uma ótima companheira para lidar com situações de ansiedade e luto.

Meu propósito neste capítulo é apresentar algumas dicas simples, compiladas a partir de vários autores, obras e sites (bibliografia no final do livro), ou construídas e experimentadas por mim mesma de acordo não apenas com o que aprendi nos meus estudos, como também no que minha própria intuição foi sugerindo.

E reitero: nada de pretensões mirabolantes, são dicas apenas para usufruir do prazer de viver a vida magicamente.

Os feitiços podem ser realizados de muitas formas, desde o uso apenas de palavras e afirmações de poder (encantamentos) até a elaboração de preparados, como tinturas, banhos, defumações, queimas e tantos outros.

Como os procedimentos são direcionados pela intenção, ou seja, aquele objetivo visado, apresento alguns poucos exemplos de acordo com as necessidades mais usuais. Ressalto que há diferentes formas de feitiços, mas todos eles estarão centrados necessariamente no uso de um dos elementos da natureza (terra, água, fogo, ar).

Portanto, um primeiro guia seria se pautar na energia intencionada:

Feitiços que invocam a energia do fogo (transformação, renovação, mudança): uso de velas e queima de ervas, por exemplo.

Feitiços que invocam a energia do ar (foco, decisão, razão): uso de incensos e defumações em geral, por exemplo.

Feitiços que invocam a energia da água (purificação, limpeza, emoção): uso de chás, banhos, lavagens, preparo de elixires, por exemplo.

Feitiços que invocam a energia da terra (estabilidade, aterramento, materialidade): meditação com cristais, caminhadas junto a árvores, passeios em jardins, etc.

Obviamente, misturar os elementos não será nenhum problema. E é aconselhável também praticar os feitiços conforme a energia relacionada à estação do ano, à fase da Lua, ao dia da semana e ao horário do dia, tal como visto nos capítulos anteriores.

Agora, vejamos o cerne dos tipos de feitiços:

Magias de purificação: feitiços que visam a uma limpeza energética, o que pode se referir ao corpo, ao ambiente e aos objetos; aliás, esse tipo de feitiço deve preceder todo e qualquer outro feitiço.

Magias de prosperidade: feitiços que visam não só à abundância material e financeira, mas também a tudo que esteja relacionado à nossa evolução e ao êxito dos empreendimentos em que nos envolvemos, geralmente de cunho criativo e profissional.

Magias de proteção: feitiços que visam aos chamados "livramentos", todos aqueles por meio dos quais tentamos criar uma aura de luz que afaste de nós todas as formas de negatividade, materiais e/ou espirituais.

Há ainda, evidentemente, aqueles temas que nos constituem e atravessam a vida de qualquer vivente: o amor e a saúde. Para esses assuntos, não poderia deixar de apresentar também algumas dicas de feitiços direcionados, embora também possamos pensá-los como desdobramento dos anteriores.

Eis, então, algumas das minhas propostas, elaboradas por mim a partir de leituras diversas, das quais destaco *O Livro Completo das Correspondências Mágicas*, de Sandra Kynes (2016).

- **Para Purificação**

Um feitiço para purificar o ambiente se faz da seguinte maneira: primeiramente, recolho água da chuva ou então água da Lua (deixo água filtrada ao relento em noites de Lua Cheia ou Crescente). Em seguida, com essa água, preparo um chá com folhas de arruda, ao que acrescento sal grosso; depois, faço uma faxina com essa água (lavando ou passando um pano no chão) e mentalizo situações desejadas.

Outra dica, além da faxina: colocar umas pedrinhas de sal grosso nos cantos de cada cômodo, mudando-as a cada mês.

Há também o caso de se fazer uma limpeza energética pessoal. Quem às vezes não se sente exausto, física, mental e espiritualmente, sobretudo após frequentar certos lugares ou estar em companhia de determinadas pessoas "carregadas"? O ideal é preparar um banho de boldo com sal grosso para derramar do pescoço para baixo após o banho higiênico comum. Evidentemente, outras ervas podem ser somadas: arruda e sálvia, por exemplo, que são ervas de limpeza energética.

Esses rituais que visam limpar e banir energias negativas devem ser feitos preferencialmente durante a Lua Minguante, que é a fase ideal para abandonar tudo o que não nos serve mais. Todas as formas de limpeza, física, emocional ou espiritual, são indicadas, portanto, para essa fase.

- *Para Prosperidade*

Há alguns exemplos que costumo praticar. Acima de tudo, é preciso pensar que são rituais para nos ajudar a ter força para batalharmos por nossos desejos e metas de abundância (o que não quer dizer que não possamos fazer uso deles em momentos de "aperto" financeiro).

Um primeiro, mais simples, consiste em soprar canela na porta de entrada da morada a cada primeiro dia do mês. É preciso soprar de fora para dentro, com força e fé, pensando firmemente no que se deseja para a vida, em termos de riqueza e abundância material. Você pode fazer isso e proclamar afirmações do tipo: *a canela eu vou soprar e a prosperidade aqui vem habitar!*

Um segundo, igualmente simples: acender uma vela amarela untada com azeite ou com óleo de alecrim, tendo cravado nela o símbolo do cifrão ($), especialmente num domingo de muito Sol, visualizando todas as realizações desejadas e já realizadas. Caso queira escrever as intenções (por exemplo: pagar as dívidas, conseguir dinheiro, etc.), elas devem ser escritas na vela, da base para o pavio.

Um terceiro feitiço consiste apenas em defumar a casa com incensos ou bastões à base de louro, canela e jasmim, sempre girando a mão em círculos horários e mentalizando com fé e firmeza o que se deseja alcançar. Melhor ainda se for feito na Lua Crescente ou Cheia.

Outro feitiço, indicado por Scott Cunningham, faz uso da magia do elemento água: em uma noite de Lua Crescente, coloque um prato com água sob o luar e mergulhe as mãos, sem secá-las depois. Não se esqueça de mentalizar o que deseja.

- **Para Proteção**

Há muitas formas de chamar a proteção para si e para o seu lar. O mais importante é acreditar e lembrar que o que semeamos no Universo, o Universo nos dá de colheita. Algumas maneiras bem simples: ter sempre à mão uma pedra de turmalina preta, cianita preta (vassoura de bruxa) ou de ônix (em adereços como pulseira, pingente, chaveiro, por exemplo); colocar na entrada da casa um raminho de arruda; queimar cascas de cebola e de alho no fim do mês.

Outra dica é preparar, durante a Lua Cheia, um sachê com alecrim, cravo, verbena e uma pitadinha de sal. Guarde-o (na bolsa ou em algum cantinho secreto da casa). A cada mês convém renovar esse *pot-pourri* de ervas.

A minha forma predileta, porém, é muito simples de se fazer: basta uma defumação com a queima de palo santo, acrescentando orações e preces de preferência.

- **Para Saúde e Cura**

É bom ressaltar, logo de início, que intenções mágicas de cura e saúde não pressupõem que não se faça acompanhamento médico e profissional. Esperar que somente a magia realize a cura e garanta a saúde (principalmente física e emocional) não é prova de fé, e sim de tolice.

Dito isso, sigamos adiante. Um tipo de uso mágico ideal para saúde é um banho energético, e aí vai minha receita:

De preferência em uma quinta-feira, fazendo uso também de água da chuva ou água lunar, prepare um chá de alecrim (que também é muito indicado para concentração e estudos) com açafrão. Acrescente umas gotinhas de óleo essencial de eucalipto. Após o banho higiênico, despeje o chá do pescoço para baixo, concentrando-se na intenção de saúde e cura. Você pode também, durante o banho, acender uma vela verde e um incenso de sálvia, invocando os espíritos de luz.

O ideal é aproveitar a energia de renovação da Lua Nova, mas também vale a energia da Crescente, para atrair e fazer crescer a cura.

- **Para Amor e Afeto**

Para atrair o amor (em relação a alguém em específico ou não), prepare um *spray* da seguinte forma: em uma noite de Lua Crescente, de preferência numa sexta-feira, prepare uma tintura com 30 ml de álcool de cereais, um pauzinho de canela, três pedaços de anis-estrelado e alguns pedaços de cascas de maçã. Espere até a Lua Cheia e numa sexta-feira, acrescente seis gotinhas de óleo essencial de rosa ou de jasmim. Está feito! Você pode usar como *spray* no ambiente, nas roupas e nos lençóis.

Você também pode preparar um óleo para uso pessoal. Acrescente a uma colher de sopa de óleo vegetal (de gergelim ou de uva) três gotinhas de óleo essencial de rosa e três gotinhas de óleo essencial de ylang-ylang. Prepará-lo durante a Lua Cheia torna-o mais poderoso.

Porém, um lembrete: respeitar o livre-arbítrio de cada um é fundamental. Então, pense bem se vale a pena fazer feitiços para atrair o afeto de quem não o(a) deseja.

***

Às vezes, nem sempre é possível reunirmos todos os ingredientes necessários para algum feitiço. De acordo com Lindsay Squire (2022, p. 102-103), podem ser feitas algumas substituições, as quais reproduzo a seguir:

Alecrim: substitui qualquer tipo de erva;
Rosa: substitui qualquer tipo de flor;
Maçã: substitui qualquer tipo de fruta;
Limão: substitui qualquer tipo de ingrediente cítrico;
Olíbano: substitui qualquer tipo de resina;
Azeite de oliva: substitui qualquer óleo carreador;
Quartzo transparente: substitui qualquer cristal;
Vela branca: substitui qualquer vela de outra cor.

Por fim, convém frisar ainda alguns detalhes importantes para a realização dos feitiços.

Para cada prática mágica, podemos proclamar orações, preces, mantras ou afirmações ligadas às nossas intenções. Sabe a máxima de que *as palavras têm poder?* As benzedeiras sabem disso muito bem, portanto, creia nisso e diga com força. E, além de repetir as fórmulas mais tradicionais, você pode, inclusive, criar as suas.

Por exemplo, para rituais de limpeza, digo várias vezes a afirmação: *faço minha limpeza com vontade e expulso toda negatividade*; em rituais de prosperidade, afirmo: *gratidão ao Universo, que me traz o que quero*; em rituais de proteção: *sigo em paz com a Grande Mãe querida, que abençoa e protege minha vida.*

E por aí vai... O que vale é somar criatividade, intuição e fé.

Sempre recordando a máxima: *quem planta, colhe.*

Como assinalei antes, a magia natural não requer necessariamente cerimônias complicadas e dispendiosas. Há maneiras muito simples de realizar magias de acordo com as intenções desejadas: preparar um chá e bebê-lo mentalizando a vitória alcançada enquanto se gira a colher em sentido horário; carregar consigo um pequeno cristal dentro de uma peça de roupa; queimar ervas secas; lavar a casa com sal grosso misturado na água de limpeza... São algumas formas simples de intencionar algo e expressam atitudes de uma bruxa natural. Assim como abraçar uma árvore, tomar um banho de chuva ou de mar, meditar com um incenso ou acender uma vela e olhar sua chama fixamente por alguns instantes são modos de se reconectar com a Natureza e ativar suas energias.

O que vale é se concentrar, mergulhar em si mesmo, experimentar e agradecer ao Universo e à Mãe Terra esse privilégio de existir!

No Apêndice deste livro, há um quadro de algumas correspondências entre elementos diversos (intenção, Lua, plantas, cristais, dia da semana, cores) e, por meio das indicações, qualquer pessoa pode criar seu próprio feitiço, com seus próprios encantamentos e receitas. Como foi dito antes, o principal em qualquer ritual mágico é acreditar e praticar.

À medida que for se familiarizando com esses conhecimentos elementares, a magia vai se desenvolver muito naturalmente. O que vale é seguir a intuição e, como dito no começo do livro, não prejudicar ninguém.

7. *Factum*! Palavras Finais, Por Enquanto

Seguindo o movimento de tudo na Natureza, vai chegando o momento de encerrar este livro. Esta foi minha tentativa de partilhar alguns conhecimentos elementares sobre magia e bruxaria natural. Desde o momento do lampejo da ideia inicial até este instante de escrever estas últimas palavras, foi um longo caminho de aprendizagem, exigente, mas muito prazeroso também. Espero que, assim como foi para mim, este livro possa ser um guia para quem se dispuser, como eu, a ouvir o chamado da magia.

Como já assinalei no começo do livro, a magia pode ser um caminho para se viver uma existência do Bem: bem consigo, bem com as outras pessoas, bem com nossa Mãe Terra. Evidentemente, isso não é tão simples. Numa sociedade materialista, em que a industrialização, a tecnologia e os discursos de ódio imperam, é difícil praticar o modo de vida que a magia pressupõe. Infelizmente, todos os dias vemos notícias entristecedoras: nossa Amazônia sendo devastada; o aquecimento climático do nosso planeta atingindo níveis cada vez maiores;

a poluição de nossos rios e mares só aumentando com despejos de plástico, mercúrio e tantas outras formas de lixo... Enfim, a destruição da Natureza na busca ensandecida pelo lucro marcha em passos céleres e indica o próprio fim da espécie humana.

Há de se pensar também que, em meio a tanta desigualdade e injustiça social e econômica, poder usufruir de pequenos prazeres, como preparar um escalda-pés com ervas e óleos essenciais ou ter tempo livre para exercício de meditações e mantras, é um grande privilégio. Sejamos gratos por isso e projetemos também nossos pensamentos e ações mágicas para aqueles que precisam mais do que nós.

Seguindo Mirella Faur, a mestra cujos livros me iniciaram nos estudos e nas práticas da bruxaria, podemos pensar que a magia requer de nós uma perspectiva diferente das lógicas egoicas mais usuais, outro jeito de ver e compreender a realidade.

Essa diferença poderia ser expressa mais ou menos assim:

UMA LÓGICA MATERIALISTA	UMA LÓGICA MÁGICA
Acusações, agressões, julgamentos, maledicência, isolamento, ansiedade, hierarquias.	Cooperação, compreensão, solidariedade, diálogos, conselhos circulares.

É seguindo, pois, a lógica da magia que, nas palavras dessa grande bruxa, "formar-se-á uma abrangente e harmoniosa egrégora espiritual visando *à* transformação do planeta em um mundo pacífico, com respeito pela totalidade da vida e parceria harmoniosa entre todos que nele habitam" (FAUR, 2021).

7. Factum! Palavras Finais, Por Enquanto

Porém, lembremos: ser pacífico não equivale a ser passivo, como bem nos lembra Julia Otero, criadora do site <www.amulherselvagem>. Assim, a espiritualidade requer de nós também uma atitude engajada de enfrentamento contra as muitas formas de opressão e exploração.

Podemos organizar tudo o que foi visto ao longo deste livro em uma grande lição final, apresentada na forma de um conjunto de passos que fazem parte da rotina mágica de uma bruxa (ou bruxo) natural, passos esses pautados em três grandes preceitos: o cuidado consigo; o cuidado com seu lar; o cuidado com sua comunidade e seu planeta. Inspirei-me, nesta lição final, mais uma vez, em uma das muitas obras que me serviram de professoras, no caso, especialmente com Theodosia Corinth em *O Guia Completo de Autocuidado para Bruxas* (2022).

Antes, porém, um pequeno e importante lembrete: não é meu intento aqui "ensinar" como cada um deve viver a própria vida, o que seria ridículo e autoritário. Acredito que a magia natural é uma prática extremamente libertária, para o que se respeita a liberdade de cada um experimentar a magia de acordo com sua própria subjetividade.

Trata-se, reitero, de partilhar alguns preceitos gerais que fui (e vou) construindo na minha trajetória pessoal de aprendizagem, os quais gostaria de fazer circular, perpetuando a ciranda da magia. São preceitos com os quais você também pode se identificar, adaptando-os à sua maneira e ao seu jeitinho particular de ser.

Portanto, vamos ao que interessa. A partir de quais passos podemos nos guiar no caminho que a magia natural pode pressupor?

7.1 CUIDANDO DE SI

Cuidar de si é um ótimo caminho para o autoconhecimento. Há muitas maneiras de cuidar de si mesmo. O que vai dizer qual a melhor forma para cada situação é a sua própria intuição. Mas certamente você pode incluir aí algumas atitudes:

- *Movimente-se!*

Caminhe, corra, dance, nade, viaje: perceba que, assim como todos os astros do Cosmos, você é um corpo em movimento.

- *Recolha-se!*

Isole-se, medite, silencie; procure se desvencilhar do mundo ao redor em certos momentos e se concentrar no próprio "Eu" por alguns instantes.

- *Expresse-se!*

Anote seus pensamentos, sentimentos, impressões, citações; tenha seu diário, grimório, enfim, como quiser chamar seu caderninho especial para escrever seus registros mágicos, tais como sonhos, receitas ou intenções; cante, entoe mantras, faça afirmações positivas e proclame palavras de poder.

- *Aceite-se!*

Permita-se admitir e aceitar seus diferentes fluxos e ritmos, bem como suas contradições. Ninguém é feito só de Luz, todos temos nossas Sombras... Aceitar isso é o primeiro passo para buscarmos a melhor forma de viver e encontrar o ponto de equilíbrio pessoal. Inclui-se aí também a atitude de se livrar dos grilhões da preocupação com o que outros dizem ou pensam ao nosso respeito.

- *Perdoe-se!*

Consciente de seus erros e falhas, procure não alimentar mágoas, rancores, ressentimentos ou culpas. Nem sempre é

fácil. Mas sempre podemos adotar outras perspectivas emocionais. Corrigir nossas faltas para nos abrir ao Novo e seguir o fluxo do Devir é bem mais importante.
- **Lute!**

Praticar pequenos rituais mágicos não deixa de ser uma forma de resiliência. Afirmo isso por experiência própria. Estudar e praticar a magia natural foram as formas que encontrei para não sucumbir diante da dor do luto e do pânico, a qual me acossou após o falecimento da minha mãe.

Mas é preciso também considerar que a luta não é só íntima. Como afirma Julia Otero em seu texto "A Bruxa que não Luta se Queima" (2022), precisamos extrapolar também o nosso mundinho particular e assumir uma "espiritualidade engajada":

Grandes nomes espiritualistas "sujaram seus pés com o barro da vida", como Jesus, o homem subversivo que incomodou as autoridades de seu tempo. Sidarta Gautama, o Buda; Martin Luther King e Gandhi, que fizeram política e justiça social como resistência pacífica (OTERO, 2022, p. 54).

- **Ame-se!**

Cuide da saúde de seu corpo e da sua mente, lembrando-se de que você é o que consome e ingere.[40] Livre-se de tudo e todos que não lhe fazem bem. Cultive boas ações, bons pensamentos e boas emoções que vão contribuir enormemente para o bem-estar físico e emocional.

Amar a si mesmo não significa cair na presunção e na arrogância, hein! Mas, sim, cultivar a autoestima e, por

---

40. Esse é um preceito básico, por exemplo, da filosofia ayurvédica. O termo, que deriva dos vocábulos em sânscrito *ayur* (vida, longevidade) e *veda* (conhecimento), já sugere por si só um conjunto de saberes sobre como viver equilibrando a saúde física, emocional e espiritual, no que tem papel central tudo o que bebemos e comemos. Para maior aprofundamento, sugiro *A Bíblia do Ayurveda*, de Anne McIntyre (2015).

desdobramento, expandir esse amor-próprio a um olhar amoroso sobre os outros.
- *Integre-se à Natureza!*
Como disse anteriormente, a Natureza está não só ao nosso redor, mas também em nós mesmos. Conscientizar-se disso pode nos fazer muito bem e nada como entrar em contato, sempre que possível, com os quatro elementos diretamente na fonte para aguçar essa consciência.

Assim, podemos fazer de pequenos gestos um ritual mágico: se houver oportunidade, banhe-se no mar, cultive um jardim ou uma horta, perceba o vento, admire o fogo, faça passeios no parque junto às árvores, dê caminhadas pela praia, tome banhos de chuva, cachoeira ou rio, essas e quaisquer outras formas de maior contato com o mundo natural sempre nos fazem bem!

7.2 CUIDANDO DO SEU LAR

O ambiente onde você vive é mais do que uma mera construção, uma casa ou um apartamento: é o espaço onde você encontra acolhimento, abrigo e segurança, é seu santuário, o seu lar. Trate-o com carinho e respeito, como uma extensão de si. Promova faxinas físicas e energéticas regularmente, a limpeza material e espiritual é importantíssima para garantir um lar saudável e propício à magia natural. O *Feng Shui*,[41] inclusive, pode colaborar bastante para isso.

---

41. De origem chinesa e embasado na filosofia taoista, o *Feng Shui* (literalmente "vento-água") consiste em um conjunto de regras e preceitos de harmonização dos ambientes a partir da integração das forças que unem a arquitetura, o planeta, o universo e a humanidade. Em linhas gerais, trata-se de dispor os ambientes de modo que a energia vital, o *Ch'i*, possa fluir livremente (ver CAMPADELLO, 2019).

Limpe regularmente e cuide também de seu altar pessoal, aquele cantinho especial em que nos conectamos com o Divino. Você pode prepará-lo à sua maneira, claro, com símbolos diversos, com imagens de santos, orixás, divindades, amuletos, talismãs e o que mais quiser, de acordo com suas afinidades religiosas, mas acredito que o principal é utilizar componentes que remetam aos quatro elementos: conchas ou cálices para representar a água; velas e lamparinas para representar o fogo; incensos, penas e sinos para representar o ar; cristais, plantinhas, jarros de flores para representar a terra. Agregue a isso fotografias de seus familiares, além de cores que mantenham equivalências com as energias e as intenções desejadas.

7.3 CUIDANDO DA SUA COMUNIDADE E DO PLANETA

Algumas maneiras simples de exercer essa forma de cuidado: busque redes e causas benéficas com as quais se identifique; cultive boas relações de respeito e reciprocidade; apoie instituições, órgãos e empresas social e ecologicamente responsáveis; evite contribuir com as muitas formas de degradação da Natureza que, infelizmente, existem em larga escala, dentre elas o consumismo e a descartabilidade exagerados.

E, acima de tudo: reverencie sempre a Natureza, cada um dos seus dias, a vida!

Enfim, para vivenciar a magia natural não há mistério, ainda que na vida haja sempre o Mistério. Como nos lembra Scott Cunningham (2021, p. 18), "a Natureza, a Terra, o Universo são os grandes iniciadores". Só precisamos nos permitir ouvir seu chamado mágico. Esse chamado, se realmente quisermos ouvi-lo, nos dirá que está tudo interconectado:

nosso planeta, nossa casa, nosso ser, nossa constituição de nós mesmos a partir da alteridade.

Assim, não adianta praticarmos um ritual mágico de autoestima com banho de rosas se não limpamos devidamente nossa casa ou se realizamos gestos de violência (verbal ou física) com outras pessoas e seres; ou, ainda, se contribuímos com a degradação do meio ambiente (poluindo o ar, jogando lixo nas ruas e nas fontes de água, consumindo exageradamente e contribuindo com a destruição dos recursos naturais).

Está tudo interconectado!

Lembremos as palavras da bruxa natural Arin Murphy-Hiscock (2021, p. 26): "viver é um ato espiritual".

À medida que estudamos e praticamos nossa espiritualidade (independentemente de filiações religiosas), vamos desenvolvendo naturalmente a lógica mágica de que nos fala Mirella Faur. E partindo desse pressuposto de que no Universo está tudo interconectado, vamos ampliando aquelas máximas já apresentadas neste livro, às quais agora eu acrescento mais duas, a serem trilhadas com paciência e persistência a cada dia:

Vivenciar e expressar um sentimento de gratidão: diante de um Universo tão indescritivelmente amplo e desconhecido, é um "milagre" usufruirmos o privilégio da vida.

Afastar-se de pensamentos, sensações e ações de negatividade: em outras palavras, exercer a autocrítica em direção a uma consciência de leveza e amorosidade para consigo e com os outros. Certamente, nem sempre é fácil, todos nós oscilamos em nossos sentimentos em algum momento, mas tentar manter-se firme na positividade torna tudo melhor.

Em suma, eu diria que o essencial é nos permitirmos perceber o Sagrado ao nosso redor. E, tal como Cristiana Balieiro exemplifica tão bem, a dimensão sagrada está sempre à nossa disposição, basta saber "ouvir seu chamado":

> A gente a encontra em um grande gato peludo que se enrosca em nossas pernas a nos acariciar, em um cachorro que serenamente dorme a nossos pés, em um beija-flor que visita e embeleza nosso jardim, no perfume de lírios que exala do vaso da sala ao entardecer, em uma paineira que floresce soberba no cinza da cidade grande, no pequeno brotinho que insiste em surgir de uma planta que julgávamos morta, na tempestade que, majestosa, torna o dia noite, no nascer de uma enorme Lua Cheia vista da janela do apartamento ou de um escandaloso pôr do sol em uma praia quase deserta (BALIEIRO, 2021, p. 95).

Então, eis o momento de concluir este pequeno guia sobre magia natural. Certamente, alguns assuntos poderiam ainda ser mais explorados (por exemplo: a relação entre a magia e os animais sagrados ou a importância de um diário de sonhos para as práticas de magia natural...). Mas sinto que é hora de terminar esta pequena viagem e partir em novas aventuras.

Enquanto escrevo estas palavras finais, observo ao meu lado justamente o gato preto que vive conosco. Minha filha Rosa deu a ele o nome de Xaropinho e ele dorme tranquilamente enquanto digito no computador. É quase véspera de Lua Cheia e daqui a alguns dias estaremos no Solstício de Verão. Tudo parece indicar que é mesmo chegada a ocasião de encerrar este ciclo para que outro se inicie.

Encerremos, portanto, esta pequena viagem para que possamos partir em novas direções. Para isso, não poderia deixar de retornar ao ponto onde tudo começou e faço, assim, menção novamente àquelas mulheres que me iniciaram nesta estrada.

À grande bruxa do Sagrado Feminino, Mirella Faur, mais uma vez presto minha homenagem: ela foi a professora que me abriu caminhos nos estudos sobre bruxaria e magia, ensinando-me sobre os fluxos de iniciação, integração e transformação. Abençoada seja!

À minha mãe querida, Rosaly, a dona Rosa, que me legou, como afirmei antes, não só a vida, mas igualmente a compreensão primeira da dimensão espiritual e mágica da existência. Este guia é a materialização não apenas de minha saudade, como também de minha gratidão.

Obrigada, mãe!

E gratidão também a você que me acompanhou na pequena viagem deste livro. Assim como foi para mim, espero que este livro possa mesmo funcionar como um guia, acima de tudo, de aprendizagem sobre a bruxa ou o bruxo que há em você. Que ele de fato possa guiá-lo em alguma parte de seus caminhos.

Sigamos então neste círculo, aprendendo e ensinando continuamente com a Mãe Natureza, nossa maior Mestra.

Apêndice

Quadro de Algumas Correspondências

INTENÇÃO	FASE LUNAR PROPÍCIA	DIA DA SEMANA PROPÍCIO	COR	PLANTAS	CRISTAIS	ELEMENTO
PROSPERIDADE E ABUNDÂNCIA	Crescente e Cheia	Terça-feira quarta-feira quinta-feira e domingo	Amarelo Dourado Laranja	Gengibre Patchouli Louro Malva Canela Hortelã-pimenta	Turquesa Ágata Citrino Pirita	Terra
SAÚDE E CURA	Crescente e Nova	Quinta-feira	Verde	Alecrim Hortelã-brava Sálvia	Amazonita Quartzo-verde Água-marinha Granada	Fogo
AMOR E ATRAÇÃO	Cheia	Sexta-feira	Rosa Vermelho	Rosas vermelhas Maçã Canela Alfazema	Quartzo-rosa Malaquita Pedra da lua	Água
PROTEÇÃO	Nova	Sábado	Marrom Preto	Manjerona Manjericão Tomilho Eucalipto	Turmalina negra Ônix Hematita	Terra
PURIFICAÇÃO E LIMPEZA ENERGÉTICA	Minguante	Segunda-feira	Preto Violeta	Arruda Sálvia	Selenita	Ar

Pequeno Glossário Mágico

Os termos a seguir são utilizados em várias vertentes de bruxaria. Evidentemente, essa listagem é bem resumida, mas apresenta vocábulos que qualquer bruxo ou bruxa precisa conhecer.

Altar: um local sagrado para se integrar ao Divino e ao Eu superior, podendo ser fixo ou móvel. Nele, você pode colocar os elementos da natureza (vela, taça com água, incenso e plantas ou cristais), fotografias de seus antepassados e tudo o mais que sua intuição indicar que o conecte com o Sagrado.

Arte: a maneira pela qual praticantes da Wicca designam a bruxaria.

Atame: espécie de punhal usado em rituais mágicos neopagãos. Associado ao elemento Ar.

Aura: o campo energético que circunda nosso corpo sutil.

Banir: afastar, livrar-se de algo ou alguém indesejável.

Bruxaria: neste livro, é tratada como equivalente à feitiçaria ou à magia. Uso intencional de elementos da natureza e/ou de instrumentos e símbolos considerados sagrados, visando atingir algum propósito.

Cálice: símbolo do elemento Água nos rituais da Wicca.

Chacra: centros energéticos que equilibram o campo áurico (nosso corpo sutil). São sete os principais, e estão relacionados a diferentes emoções: disciplina, criatividade, segurança, amor, honestidade, clareza e conexão com o divino.

Círculo: um campo de força esférico onde se fazem os rituais e os feitiços na tradição da Wicca.

Conjuro: invocação mágica.

Consagração: forma de purificar e abençoar algum objeto que será utilizado em ritual mágico.

Encantamento: ritual de magia com base em palavras declamadas e/ou cantadas.

Equinócio: dia em que o Sol incide diretamente na linha do Equador, e a duração do dia é igual à da noite.

Esbá: celebração das Luas Cheias.

Feitiço: uma prática mágica.

Grimório: livro pessoal de feitiços. Quando se trata de feitiços secretos, chama-se *Diário das Sombras*.

Holístico: conceito criado por Jan Christian Smuts na obra *Holismo e Evolução*, de 1926, e remete ao termo grego *holos*, isto é, completo, inteiro. Uma perspectiva holística, portanto, trata dos fenômenos em todos os seus aspectos, interligados entre si.

Intenção: a energia projetada de acordo com algum objetivo.

Invocar: o mesmo que chamar e saudar.

Magia: ação ou ato de liberar uma energia de acordo com uma intenção.

Oferenda: presente ofertado às entidades espirituais como forma de pedido ou agradecimento.

Pentagrama: estrela de cinco pontas, às quais correspondem os diferentes elementos: terra, água, fogo, ar e éter (o espírito). Quando inscrito dentro de um círculo, recebe o nome de pentáculo. Na Wicca, associa-se ao elemento Terra.

Sabá: celebração dos solstícios (dias em que a Terra se encontra mais próxima – verão – ou mais distante – inverno – do Sol).

Sigilo: a inscrição secreta de uma intenção feita em um feitiço.

Sincronicidade: conceito formulado pelo psicanalista Carl Jung que se refere à ocorrência simultânea de eventos paralelos de igual significação.

Solstício: dia em que o Sol se aproxima ou se distancia mais da Terra, indicando o dia ou a noite mais longa do ano.

Triluna: três Luas encadeadas (uma Crescente, uma Cheia e uma Minguante) que representam a mulher bruxa nas suas fases: donzela, mãe e anciã.

Wicca: religião neopagã baseada em crenças e cerimônias associadas aos antigos povos pré-cristãos da Europa central.

Alguns Símbolos Mágicos

No clássico livro *O Despertar dos Mágicos*, os autores Louis Pauwels e Jacques Bergier indagam: "o que é um símbolo, senão o modelo abstrato de uma realidade, de uma estrutura, que a inteligência humana não pode dominar inteiramente, mas cuja 'teoria' esboça?" (PAUWELS; BERGIER, 1986, p. 384).

Seria, pois, inviável, nesta seção, dar conta de todos os símbolos que, ao longo do desenvolvimento da humanidade, têm sido atribuídos aos usos mágicos. O fato é que eles geralmente estão presentes nos rituais de magia na forma de gestos, objetos ou imagens.

A seleção a seguir tem mais relação, portanto, com a história da minha aprendizagem e com afinidades pessoais. Escolhi dez símbolos para que sejam apenas um indicativo preliminar para você que também está se iniciando nestes caminhos da magia.

CRESCIMENTO E FEMININO

Representação egípcia, em hieróglifo, tanto para crescimento e renascimento, como para a mulher e o sexo feminino.

ESPIRAL

Representa a água, o poder, o movimento e a migração. No sentido horário, sugere expansão e evolução. No sentido contrário, sugere banimento e limpeza.

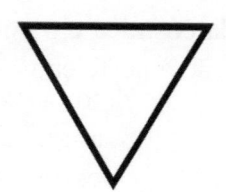

ELEMENTO ÁGUA

Ligado ao inconsciente, à alma, aos sentimentos e ao fluxo da vida.

ELEMENTO AR

Ligado aos ventos, à respiração e ao espírito.

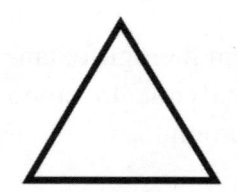

ELEMENTO FOGO

Ligado à destruição e à renovação, símbolo universal de poder e de verdade divina.

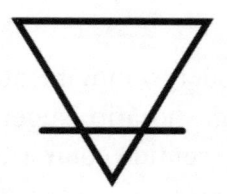

ELEMENTO TERRA

Ligado ao solo, às montanhas, às pedras e às rochas, representa a vitalidade e a fertilidade.

FLOR DE LÓTUS

Poderoso símbolo presente no mundo antigo do Egito, da Índia, da China e do Japão. Representa a vida cósmica e o potencial da alma em direção à perfeição.

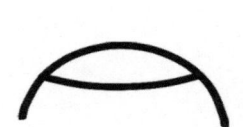

LUA

Representação egípcia, em hieróglifo, da Lua, astro regente dos trabalhos mágicos.

PENTAGRAMA

A estrela de cinco pontas, cada uma representando um elemento: fogo, água, terra, ar e éter (o espírito).

TRILUNA

A Lua tripla, ligada à tradição celta, simboliza a unidade entre os três estágios da vida feminina: donzela (Lua Crescente), mãe (Lua Cheia) e anciã (Lua Minguante).

Mais Receitinhas de Bruxas

A seguir, apresento sete receitinhas rápidas adaptadas a partir da leitura de duas bruxas admiráveis, cujas referências bibliográficas você encontra no final deste livro: Govenka Morgan e Márcia Frazão. O conhecimento dessas duas bruxas me chegou por meio de minha mãe, muito antes de eu sonhar em escrever um livro sobre bruxaria natural. Homenageá-las, portanto, é um modo de reverenciar também minha matriarca.

Espero que as receitas inspiradas nas dicas dessas duas grandes mulheres possam auxiliar você tanto quanto me auxiliaram. Divirta-se!

- **Bolo Mágico**
De acordo com Govenka Morgan, essa receita se origina com as bruxas italianas, conhecidas como *stregas*. A essência dessa magia é, simplesmente, projetar com a imaginação uma intenção se realizando enquanto se prepara um bolo de qualquer receita.
Ao que eu acrescento: você pode adicionar à receita de bolo de sua preferência algum ingrediente ligado à prosperidade, como pó de canela ou de gengibre, por exemplo. O ideal é também fazer esse preparo quando a Lua estiver na fase crescente: assim como cresce seu bolo, cresce a realização do seu desejo. Intencione isso!

- **Árvore de Gaia**
Outra receitinha simples, mas poderosa, de Govenka Morgan, também para prosperidade. "Gaia é a Mãe-Terra", relembra Govenka, e nada melhor do que plantar uma árvore em sua homenagem.
Ao que eu acrescento: é possível adaptar esse plantio a qualquer espécie vegetal, mas de preferência uma que não seja subterrânea, isto é, que cresça e se expanda fora da terra. O ideal é fazer isso quando a Lua também estiver em fase crescente, propícia para a expansão de novos projetos e metas.

- **Prata da Prosperidade**
Enterrar uma pequena peça de prata também ajuda a atrair a prosperidade, segundo Govenka. Eu acrescento: pegar um brinco, um anel ou uma gargantilha de prata (metal relacionado à Lua) e "escondê-los" no jardim, no quintal ou em um jarro com terra (o elemento que nos concede força e firmeza), enquanto se projeta uma intenção de boa sorte, tem mais valor ainda quando feito na primeira noite de Lua Cheia.

- *Sono do Amor*

Essa receita é inspirada na dica de Márcia Frazão para um feitiço de amor com artemísia. Colocar umas folhinhas dessa erva com uma pequena mecha de seu cabelo dentro do travesseiro de seu(sua) amado(a) ajudará a renovar a paixão entre vocês. O ideal é fazer isso durante a Lua Nova.

- *Maçã da Sedução*

Outra receitinha inspirada em Márcia Frazão, para quem a maçã é o elemento mais popular em feitiços de sedução. Indicada para quem está apaixonado(a). Ao comer uma simples maçã pensando na sua paixão, Frazão recomenda guardar as sementes e as cascas para usos futuros, como preparar incensos com as cascas secas ou moer as sementes e polvilhar alimentos com elas, um sorvete, por exemplo. Depois, é só servir para a pessoa amada.

- *Confrei da Boa Sorte*

Segundo Márcia Frazão, o confrei (*Symphytum officinale*) é uma erva associada à segurança e ao dinheiro. Suas raízes, assim, podem ser utilizadas em feitiços para atrair abundância e prosperidade. Ainda de acordo com Frazão, carregar uma folhinha de confrei na bolsa ajuda a garantir proteção, sobretudo, na mala de viagem.

- *Azevinho da Alegria*

Outra planta que favorece a boa sorte e a proteção é o azevinho (*Ilex aquifolium*), de acordo com Márcia Frazão. E é dela a seguinte dica: numa noite de Lua Cheia, colocar nove folhas de azevinho em um pano branco virgem, embrulhar bem e guardar sob o travesseiro fazendo um pedido ao Universo.

Que tal experimentar?

Teste Mágico

As 13 questões a seguir têm o propósito de servir como um instrumento para "afiar" a aprendizagem de alguns conhecimentos sobre magia vistos ao longo dos capítulos anteriores, ajudando a fixá-los. Não se preocupe se vai errar ou acertar, trata-se, antes, de exercitar os saberes sobre a bruxaria natural.

1). Sobre bruxaria e Wicca, é correto afirmar:
A primeira é uma religião, a segunda é uma seita.
A primeira é uma forma ampla de crença nas energias e nas forças mágicas, a segunda é uma expressão religiosa criada na década de 1950.
Toda forma de bruxaria é uma aplicação da Wicca.
Nenhuma das alternativas.

2). Na magia natural, é correto afirmar:
O que vai direcionar os feitiços é a estação do ano.
O que vai direcionar os feitiços é a fase da Lua.
O que vai direcionar os feitiços é a correspondência entre intenção e elemento da natureza.
Todas as alternativas estão corretas.

3). O que significa dizer que "não se nasce bruxa, torna-se uma"?
É preciso fazer parte de um *coven* para ser bruxa.
É preciso se dedicar, estudar e praticar.
Na verdade, alguns já nascem bruxos, outros não.
Somente mulheres podem se dedicar à bruxaria.

4). Recantos mágicos são:
O mesmo que templos religiosos.
O mesmo que santuários históricos.

Lugares onde as energias se manifestam intensamente.
Lugares assombrados.

5). Dentre alguns cristais e ervas utilizados para a prática da magia, temos:
Ametista e artemísia, para aguçar a intuição.
Turmalina negra e arruda, para aguçar a proteção espiritual.
Citrino e louro, para aguçar a energia de prosperidade.
Todas as afirmativas estão corretas.

6). Dentre alguns tipos de correspondências entre Lua e intenção, a mais indicada é:
Lua Crescente e projetos de se desfazer de algo.
Lua Minguante e projetos de iniciar um novo empreendimento.
Lua Cheia e qualquer tipo de projeto.
Lua Nova e qualquer tipo de projeto.

7). Este é um dos oráculos que geralmente acompanham bruxos e bruxas:
Jogos em geral.
Oráculo de Delfos.
Taromancia.
Nenhuma das alternativas.

8). Exemplos de práticas que podem evocar a energia mágica do elemento água:
Defumações com incensos e toque de sinos.
Meditação e uso de velas.
Uso de escalda-pés e banhos.
Plantio de uma árvore.

9). Para feitiços de renovação e transformação, qual a fase lunar e o elemento recomendados?
Lua Minguante, água.
Lua Cheia, terra.
Lua Nova, fogo.
Lua Crescente, ar.

10). Qual a relação correta entre astro e dia da semana?
Segunda-feira e Vênus.
Sábado e Saturno.
Sexta-feira e Lua.
Quarta-feira e Sol.

11). Dois nomes de deusas que simbolizam o Sagrado Feminino:
Tituba e Enheduana.
Ártemis e Kali.
Mademoiselle Lenormand e Hécate.
Madame Min e Ariel.

12). O propósito maior da magia natural deve ser:
Atrair fartura e abundância financeira.
Espantar a inveja e o olho gordo.
Viver bem consigo, com o próximo e com o planeta.
Reverenciar o ego.

13). Na magia natural, pode-se afirmar que:
A Natureza é a grande mestra.
A Mãe Terra é a fonte de devoção e reverência.
Cada um de nós é uma peça interconectada no Universo.
Todas as alternativas estão corretas.

***

Respostas ao Teste Mágico

1) Alternativa b)	7) Alternativa c)
2) Alternativa d)	8) Alternativa c)
3) Alternativa b)	9) Alternativa c)
4) Alternativa c)	10) Alternativa b)
5) Alternativa d)	11) Alternativa b)
6) Alternativa c)	12) Alternativa c)
	13) Alternativa d)

Bibliografia

Livros:
ANGELES, Ly de. *Bruxaria, Teoria e Prática*: Rituais, Encantamentos e Feitiçaria. Tradução: Selma Ziedas. São Paulo: Gaia, 2002.
AZEVEDO, Sheyla. *Religare*: Caminhos da Fé. Natal: Selo Caravela Cultural, 2021.
BALIEIRO, Cristina. *O Legado das Deusas 2*: Novos Mitos e Arquétipos do Feminino. São Paulo: Pólen, 2020.
_____. *O Legado das Deusas*: Caminhos para a Busca de uma Nova Identidade Feminina. 2. ed. São Paulo: Jandaíra, 2021.
BARTLETT, Sarah. *A Bíblia do Tarô*: o Guia Definitivo das Tiragens e do Significado dos Arcanos Maiores e Menores. Tradução: Eddie Van Feu e Patrícia Balan. São Paulo: Pensamento, 2011.
BLAVATSKY, Helena. *A Voz do Silêncio e outros Fragmentos Escolhidos do Livro dos Preceitos Áureos*. Tradução: Fernando Pessoa. São Paulo: Ajna, 2021.
BUCKLAND, Raymond. *Livro Completo de Bruxaria de Raymond Buckland*: Tradição, Rituais, Crenças, História e Prática. Tradução: Denise de Carvalho Rocha. São Paulo: Pensamento/Cultrix, 2019.
CÂMARA CASCUDO, Luís da. *Tradição, a Ciência do Povo*. São Paulo: Perspectiva, 1971.
CAMPADELLO, Pier. *Feng Shui*: Prático e Fácil. São Paulo: Madras Editora, 1998.
CELLI, Amanda. *Tempero da Bruxa*: Desvendando os Mistérios da Culinária Mágica. São Paulo, 2021 (publicação independente); Belo Horizonte: Âyiné, 2022.
CORINTH, Theodosia. *O Guia Completo de Autocuidado para Bruxas*. Tradução: Denise de Carvalho Rocha. São Paulo: Pensamento, 2022.
CHOLLET, Mona. *Bruxas*: a Força Invencível das Mulheres. Tradução: Camila Boldrini. Belo Horizonte: Âyiné, 2022.
CONWAY, D. J. *Altares*: Magia e Ritual. Tradução: Claudia Gerpe Duarte. Revisão técnica: Nei Naiff. Rio de Janeiro: Nova Era, 2004a.

_____. *Velas*: Magia e Ritual. Tradução: Claudia Gerpe Duarte. Revisão técnica: Nei Naiff. Rio de Janeiro: Nova Era, 2004b.
CUNNINGHAM, Scott. *Enciclopédia Cunningham de Magia com Cristais, Gemas e Metais*. Tradução: Jussara Vila Rubia Gonzales. São Paulo: Madras Editora, 2019.
_____. *Técnicas de Magia Natural*: o Poder da Terra. Tradução: Soraya Borges de Freitas. São Paulo: Madras Editora, 2021.
DELLAMONICA, J. *Tarô do Cigano*. 25. ed. São Paulo: Madras Editora, 2021.
DOUCET, Friedrich W. *O Livro de Ouro das Ciências Ocultas*: Magia, Alquimia, Ocultismo. Tradução: Maria Madalena Würth Teixeira. 3. ed. Rio de Janeiro: Ediouro, 2001.
ENHEDUANA. *A Exaltação de Inana*. Tradução: Guilherme Gontijo Flores e Adriano Scandolara. São Paulo: Sobinfluencia Edições, 2022.
_____. *Inana*: antes da Poesia Ser Palavra, Era Mulher. Tradução: Guilherme Gontijo Flores e Adriano Scandolara. São Paulo: Sobinfluencia Edições, 2022.
FAUR, Mirella. *Círculos Sagrados para Mulheres Contemporâneas*. São Paulo: Pensamento, 2010.
_____. *O Anuário da Grande Mãe*. 4. ed. São Paulo: Alfabeto, 2021.
FEDERICI, Silvia. *Mulheres e Caça às Bruxas*: da Idade Média aos Dias Atuais. Tradução: Heci Regina Candiani. São Paulo: Boitempo, 2019.
FRAZÃO, Márcia. *A Panela de Afrodite*. Rio de Janeiro: Bertrand Brasil, 2000.
_____. *Revelações de uma Bruxa*. 9. ed. Rio de Janeiro: Bertrand Brasil, 2002.
FRAZIER, Karen. *O Livro dos Cristais*: Guia sobre o Poder Energético e Terapêutico dos Cristais. Tradução: Martha Argel. São Paulo: Mantra, 2020.
GIMENES, Bruno J.; CÂNDIDO, Patrícia. *Manual de Magia com Ervas*. Nova Petrópolis: Luz da Serra, 2017.
GINZBURG, Carlo. *História Noturna*: Decifrando o Sabá. Tradução: Nilson Moulin Louzada. São Paulo: Companhia das Letras, 1991.
GODO, Carlos. *O tarô de Marselha*. 2ª. ed. São Paulo: Pensamento, 2020.
GORI, Tânia. *Herbologia Mágica*: a Cura pela Natureza com Base na Fitoterapia & Botânica Oculta. São Paulo: Alfabeto, 2021.
KALY, Luanda. *Aromaterapia – A Magia dos Perfumes*. São Paulo: Madras Editora, 2022

KYNES, Sandra. *O Livro Completo das Correspondências Mágicas*. Tradução: Denise de C. Rocha. São Paulo: Pensamento, 2016.
KRAMER, Heinrich; SPRENGER, James. *Malleus Maleficarum*: o Martelo das Feiticeiras. Tradução: Paulo Fróes. 3. ed. Rio de Janeiro: Rosa dos Tempos, 1991.
LERNER, Isha. *O Tarô da Deusa Tríplice*. Tradução: Carmen Fischer. São Paulo: Pensamento, 2021.
LISBOA, Claudia. *Os Astros Sempre nos Acompanham*: um Manual de Astrologia Contemporânea. Rio de Janeiro: Bestseller, 2013.
LOPES, Flávio. *Bruxaria Solitária*. São Paulo: Alfabeto, 2019.
MANTOVANI, André. *Baralho Cigano*: Tradição, Teoria e Prática. São Paulo: Pensamento/Cultrix, 2020.
MCINTYRE, Anne. *A Bíblia do Ayurveda*. Tradução: Claudia Gerpe Duarte e Eduardo Gerpe Duarte. São Paulo: Pensamento, 2015.
MOREIRA, Paulo; MCRAY, Edward. *Eu Venho de Longe*: Mestre Irineu e Seus Companheiros. Salvador: EDUFBA; Abesup, 2011.
MORGAN, Govenka. *Encantamentos de Govenka Morgan*: Magia de Sorte e Prosperidade. Tradução e adaptação: Heloísa Galves. 8. ed. São Paulo: Outras Palavras, 2005.
MURARO, Rose Marie. Breve Introdução Histórica. *In*: KRAMER, Heinrich; SPRENGER, James. *Malleus Maleficarum*: o Martelo das Feiticeiras. Tradução: Paulo Fróes. 3. ed. Rio de Janeiro: Rosa dos Tempos, 1991.
MURPHY-HISCOCK, Arin. *Bruxa Natural*. Tradução: Stephanie Borges. Rio de Janeiro: Darkside Books, 2021.
_____. *A Casa da Bruxa Natural*. Tradução de Cláudia Mello Belhassof. Rio de Janeiro: Darkside Books, 2022.
NAIFF, Nei. *Curso Completo de Tarô*. 4. ed. Rio de Janeiro: Edições BestBolso, 2009.
_____. *Curso Completo de Terapia Holística*. 3. ed. São Paulo: Alfabeto, 2019.
NARDINI, Ana Maria. *Chacras, Autocura*: o Caminho para a Saúde Física, Emocional, Mental e Espiritual. São Paulo: Madras, 2017.
NADOLNY, Isabelle. *História do Tarô*: um estudo completo sobre suas origens, iconografia e simbolismo. Tradução de Luciana Soares. São Paulo: Editora Pensamento, 2022.
O'CONNEL, Mark; AIREY, Raje. *Almanaque Ilustrado dos Símbolos*. Tradução: Débora Ginza. São Paulo: Escala, 2011.

OTERO, Júlia. A Bruxa que não Luta se Queima. *In*: ALMANAQUE Wicca 2023. São Paulo: Pensamento, 2022. p. 53-58.
OXÓSSI, Diego de. *O Segredo das Folhas*: Magia Prática para o Dia a Dia. 2. ed. São Paulo: Arole Cultural, 2020.
PAUNGGER, Johanna; POPPE, Thomas. *Dicionário Lunar*: o Guia do Momento Certo Tradução: Marcos Malvezzi Leal. São Paulo: Madras, 2003.
PAUWELS, Louis; BERGIER, Jacques. *O Despertar dos Mágicos*: Introdução ao Realismo Fantástico. Tradução: Gina de Freitas. 21. ed. São Paulo: Difel, 1986.
PRIETO, Claudiney. *Oráculo da Grande Mãe*: Divinação, Magia e Espiritualidade com Arquétipos da Deusa. São Paulo: Alfabeto, 2017.
RISKE, Kris Brandt. O Livro Completo da Astrologia: o Jeito Fácil de Aprender Astrologia. São Paulo: Madras, 2010.
RUSSEL, Jeffrey B.; ALEXANDER, Brooks. História da Bruxaria. Tradução: Álvaro Cabral e William Lagos. 2. ed. São Paulo: Aleph, 2019.
SELLAR, Wanda. Óleos que Curam: o Poder da Aromaterapia. Rio de Janeiro: Nova Era, 2002.
SQUIRE, Lindsay. Bruxaria Verde. Tradução: Denise de Carvalho Rocha. São Paulo: Pensamento, 2022.
STARHAWK. A Dança Cósmica das Feiticeiras: o Renascimento da Consciência Espiritual Feminista e da Religião da Grande Deusa. Tradução: Denise Carvalho Rocha. São Paulo: Pensamento, 2021.
THORSSON, Edred. Futhark: o Oráculo Sagrado das Runas. Tradução: Claudia Gerpe Duarte e Eduardo Gerpe Duarte. São Paulo: Pensamento, 2019.
WESTWOOD, Jennifer. Lugares Misteriosos. Tradução: Maria Irene Bigotte de Carvalho. São Paulo: Ediciones Del Prado, 1995. v. 1.
Sites:
<www.alemdesalem.com.br>
<www.amulherselvagem.com.br>
<www.circlesanctuary.org>
<www.fitoenergetica.com.br>
<www.museudebruxaria.com.br>
<www.priferraz.com>
<www.teiadethea.org>
<www.temperodebruxa.com.br>
<https://bio.site/gaia.terapiaverde>
<http://starwalk.space/pt>